做官名人之家

独家对话

做客名人之家

黄维 主编

人民日报出版社

▲ 2018年1月20日,在中国文联十届三次全委会上与中国文联主席、中国作协主席铁凝合影

▼ 2006年文代会期间与王蒙合影

▲ 2006年文代会期间采访老艺术家田华

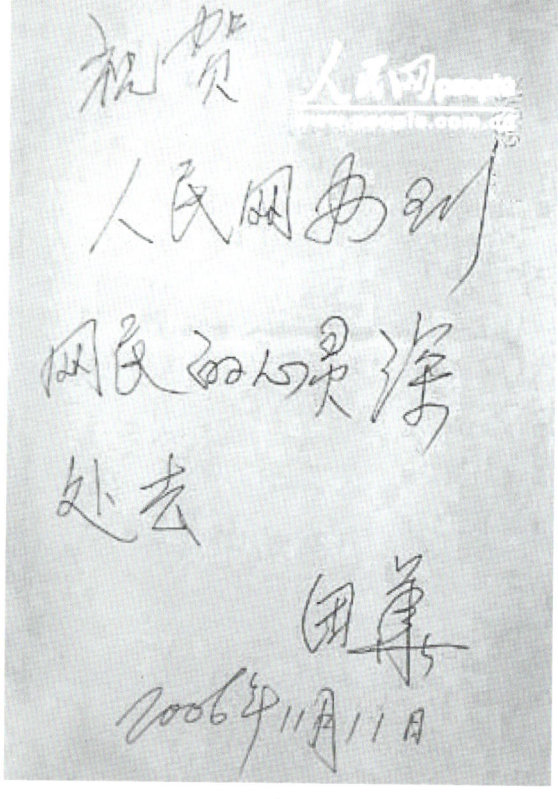

◀ 田华寄语

▶ 2006年文代会期间采访老艺术家阎肃

▶ 2006年百花迎春大联欢上与导演翟俊杰合影

▶ 2006年邀请六小龄童做客人民网访谈

▲ 2013年在于蓝家中采访

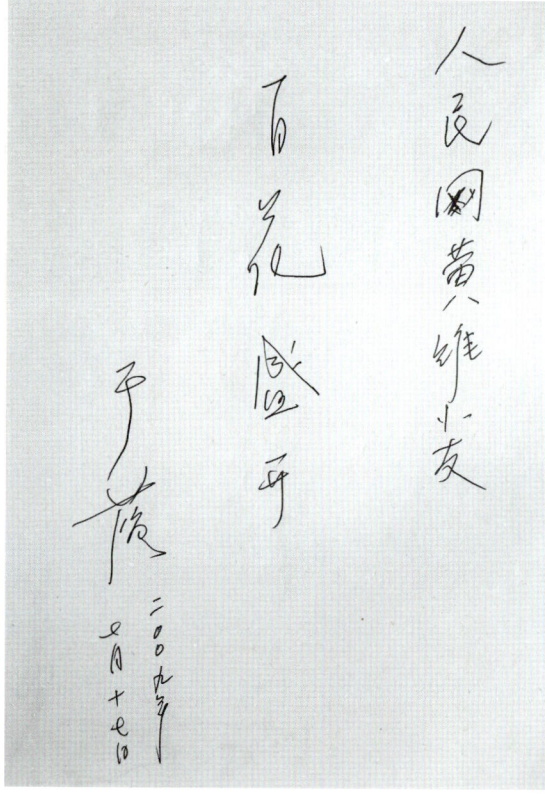

◀ 于蓝寄语

▲ 2006年文代会上采访秦怡

▶ 冯小刚导演做客人民网聊《芳华》背后的故事,访谈前与冯导在直播间合影

◀ 2013年在国家博物馆举办的"黄永玉九十画展"上,采访黄永玉

◀ 2013年在中国电影家协会专访新当选的影协主席李雪健

◀ 2013年走进中国文学艺术基金会采访中国曲协主席、中国文学艺术基金会秘书长姜昆

▲《朗读者》研讨会后，专访主持人董卿

▼在故宫采访单霁翔院长

▲作者幸福的一家(摄于2017年12月30日)

序言

惟楚有材，于斯为盛

梁鸿鹰

职业要求使新闻工作者应该致力于成为一个贪婪的读者、一个关于每件正在发生事情的信息不倦的收集者、一个美好思想和风范的分享者，同样也应该成为一个文化自信的身体力行者。

文化自信作为一个民族对自身文化价值的充分肯定和积极践行，意味着对蓬勃文化生命力持有坚定的信心信念。中国人的文化自信，源自中华民族生生不息的悠久历史，源自在这历史中形成、支撑着我们一路走来的文化积淀和精神信仰，源自五千年来中华民族产生的一切优秀文艺作品，同样源自与当代文艺发展同行的德艺双馨的文化大家的奋发作为，需要传之社会，播之世间。

青山在，人未老。

王蒙、冯骥才、单霁翔、于蓝、蓝天野、李雪健、谢辰生、姜昆……打开这本书，我们随着人民网文化记者黄维的脚步，随着她灵动的文字，可以一起与这些作家艺术家叩问文艺奥秘，寻根文化源流。在这些文化大家的跫跫足音中，我们听到的，是坚韧、坚定、坚守；我们悟到的，是他们的品格、风骨、境界……

而在今天，所有这些是如此稀缺、如此可贵，书中那些富于温度的交流，那些富于智性的告白，袒露的是心灵，抒发的是情怀，能够促使我们感奋，能够激发我们向文化传承致敬、向文化创造致敬。

惟楚有材，于斯为盛。生长在湘江之畔的黄维，曾求学于岳麓山下的千年学府湖南大学，她深耕人民网文化这方天地，始终牢记以真心真情写真诚的使命，本书荟萃了她近年来对当代文化大家的深度访谈，包含了她与走进人民网名家的对话，全方位展现了她对中华优秀文化的认知与解读，彰显了当代文化的品格与魅力，既显示了她礼敬文化的精神情怀，更表达了她对文化价值的思索、对生命内涵的诠释。从这位浸润和生长于中华文化沃土之上的青年记者身上，我们看到了她植根于内心深处的文化自信，看到了她对新闻事业的不倦坚守。

拨云寻古道，倚树听流泉。

今天，我们已经进入大有可为的新时代。960多万平方公里广袤土地上焕发出新的生机活力，中华民族在5000多年漫长奋斗中积累的文化养分，13亿多中国人聚合的磅礴之力，无疑为我们所从事的各项事业提供了无比宽广的舞台，而置身于新闻传播事业的第一线，只有不断增强文化自信、文化担当，不断在追随时代、见证时代、记录时代中奋发，才能大有作为，在这个进程中，黄维向我们交出了自己很好的答卷。

这份答卷的篇幅并没有多长，但却是异常亲切的，有营养有情怀有理想，能让你得到心灵的滋润，从这些大家的言行中汲取可贵的精神力量，得到人生的诸多启迪。

愿黄维继续坚守职业理想，不忘对生活的热爱、对文学的初心、对美好的追求，书写更多瑰丽的篇章。

是为序。

2018年1月21日

（作者为中国作协第九届全委会主席团委员、《文艺报》总编辑、著名文艺评论家）

目录

辑一 做客名人之家

第一期 文坛常青树王蒙：经常"犯忌" 宁可被记仇也要说真话____3

【记者印象】那个"不设防"的老顽童____11

第二期 "江姐"于蓝：为艺术忙碌一生____14

【记者印象】读书养生，气若幽兰____22

第三期 烟雨平生蓝天野：我最好的生活在舞台上____25

【记者印象】"从不养生"心随性____33

第四期 文保专家谢辰生：文物破坏的根源是金钱挂帅____36

【记者印象】平生只做一件事的"国宝卫士"____43

第五期 舞蹈家刀美兰：为当今傣族舞太浮躁而担忧____46

【记者印象】守护傣族舞蹈的"金孔雀"____51

第六期 中国影协主席李雪健："感恩"两个字在我心里很重____53

【记者印象】"观众的喜欢，是最大的福分"____60

第七期　中国曲协主席姜昆：向低俗相声说不＿＿62

【记者印象】"50后"姜昆的骄傲：读的书比年轻人多＿＿67

第八期　故宫博物院院长单霁翔：要把故宫完整地交给下一个600年＿＿69

【记者印象】故宫"看门人"的幸福和梦想＿＿80

/辑二/ **金台访谈录**

"80后"阎肃：新解"风花雪月"，谈"精神故乡"在先贤笔下＿＿85

冯骥才与他的"四驾马车"＿＿98

冯骥才：提高文化自觉，打造文化经典，传承文化情怀＿＿106

九十岁黄永玉的"黄氏幽默"：贴着土地过日子，摔也摔不到哪儿去＿＿110

何建明：用现实主义之笔创作"国家叙述"＿＿114

中国书法家协会主席苏士澍：写好中国字，做好中国人＿＿118

中央美术学院院长范迪安：培养有人文情怀的艺术家＿＿121

"评书大师"刘兰芳：老书新说，以英雄人物为"精神故乡"＿＿127

冯小刚：《芳华》与"逆流而上"的十年＿＿131

严歌苓：追忆似水《芳华》＿＿136

崔永元对话小香玉：他们"仗义"相助又互相"拆台"＿＿140

舞蹈家陈爱莲：76岁再舞"林黛玉"，精神归宿在舞台＿＿147

关牧村：树高千尺不忘根，还是原来那个"小关"____151

徐沛东：作品有泥土性 生活给予最好养料____155

董卿：千万不要把我神化了，我也累到哭过____159

十问吴京："战狼"是如何炼成的？____165

张嘉译秦海璐何冰：经典《白鹿原》为何经久不衰____170

六小龄童：从"西游记"中收获信仰，后半生将传承猴文化____175

翟俊杰：三拍长征，常拍常新____179

刘震云：趣谈"吃瓜时代"，自谦写作初学者____184

莫言：对话美国"90后"作家，文学要成为疗伤的绷带____189

田华：八次文代会我参加了七次____193

濮存昕：年轻版《蔡文姬》亮相，直言很忐忑____195

濮存昕：人艺《李白》演出20周年，我就是"李白"____197

/ 辑三 / **名人读经典**

岳阳楼记____201

《背影》片段____203

春____205

当你老了____207

她走在美的光彩中____209

茉　莉____211

爱情的礼赞____212

山　路____214

辑一

做客名人之家

第一期　文坛常青树王蒙：
经常"犯忌"　宁可被记仇也要说真话

编者按：王蒙，著名作家，以《组织部来了个年轻人》成名，写过青春岁月，评过老子、庄子，当过中国文化部长，文学道路上经过青春的滋养，有过人生的辉煌，也有过16年的下放年月。2013年初出版了《这边风景》，80岁的他仍在创作新作《烦闷与激情》。2013年一个初秋的上午，我们来到北四环王蒙先生的家中做客，听他谈文学聊人生。

▶ 新疆岁月："坏事变成好事"

记者：王蒙先生，回顾您的文学道路，经过青春滋养，有过人生辉煌，又经历过16年的下放生活，回头看新疆的这段岁月，给您人生和写作带来什么影响？

王蒙：在新疆的这段生活，使我变得更实际、更成熟。客观上还起了一个作用，就是躲避了以"文化大革命"为代表的暴风骤雨。新疆当然也有,但是"文革"风头刮到新疆以后,原来12级台风到新疆最多就剩下7、8级了,到了我待的伊犁,就剩下5、6级,到了我待的公社,也就是农村里,就剩4级了,所以起了一种自我保护的作用。此外,更多的是在实际生活中和各族人民在一起所得到的锻炼、学习,可以说是坏事变成好事。新疆的生活是我这一生写作的重要资源之一。

记者: 您经历过落魄和得意,在那段艰难的岁月里,是什么信念支撑您一路走下来?

王蒙: 我常常说,我们这一代人,有一个光明的底色。我从少年时代就卷入了、参加了推翻旧中国的革命斗争,经历了中华人民共和国的建立。这么一个伟大的历史事件,那种信念、那种胜利,我常常用一个词表达,就是"凯歌行进"的感觉。那种百废俱兴的气象,使我对新中国抱有巨大的希望,对共产党抱有巨大的希望。虽然发生了一些我所不能理解甚至痛心的事情,但我觉得事情总有是非曲直,有弄清楚的那一天。我也有一种自信,自信自己完全可以成为一个有作为的人、一个有能力的人。

▶ **生活哲学:不投机取巧、不急于求成**

记者: 您曾说,老百姓有着自己的一套生活哲学,那么您的生活哲学是什么?能用一句话概括一下吗?

王蒙: 老百姓的生活哲学,比如说老百姓要判断一个人是好人还是坏人,即使带很多政治的帽子,也需要老百姓自己观察一下。这个人你说他好,那他是不是真好?譬如说一些投机取巧的人,他可能一时官运亨通,但在老百姓看来他不是一个太好的人。相反,一个非常正派、善良又努力的人,老百姓经过一段时间的接触,就会众口一声地认定他是一个好人。我深受这一类生活哲学的影响。

简单地说,就是自己对是非曲直有一种信念。不应该做坏事,不应该做投机取巧、见风使舵的事,也不应该做那种盲目的、急于求成的、甚至于蛮干的事,能够掌握自己做事情、处理各种问题的分寸。我已经79岁了,近80年的经验已经证明,我这个信念是靠得住的。

▶ 对弱点"不设防":看戏看得涕泪横流

记者:您有一枚闲章叫作"不设防",您特别喜欢"不设防"这三个字。您说,"不设防"还包括不怕暴露自己的弱点,并且坦然面对自己的弱点。我们很好奇,您有何弱点?您又如何看待自己的弱点?

王蒙:中国是个复杂的社会,处理一些事,容易有不妥的地方,或是太激进,或是太温吞,我力求处理得好一些。有些不了解你的人,以为你心计特别深、算计特精,用上海话讲就是门槛精。但是恰恰相反,我是一个性情中人,一个喜欢动感情的人,一个愿意表达自己、不愿意隐藏的人。这时候,我会经常听到一些善意的劝告:"你这个事儿不要做,这个文章不要写,那个感情不要表露。"可是,一般情况下我觉得不必要这样。我所向往的境界是自然而然、行云流水,"行于所当行,止于所不可不止"。我觉得越是这样,越能够赢得人们的信任。这就是我说的"不设防"。

至于我不怕暴露自己的弱点,那多了。我常常举些例子,证明我并不是一个非常理想的领导干部,有时候控制不住自己的感情。我当文化部长的时候,有一次听李世济唱《哭塔》,白娘子被雷峰塔压住以后,许多年过去了,她的儿子祭奠她,把塔哭倒了,她又出去了。其实,这都是民间传说的戏,而我居然感动得涕泪横流,近于失态。我说这部长千万别当了,别出洋相了。

有人以为我老奸巨猾,恰恰相反,我是一个非常急躁的人,表现在处事、处人当中,但好处就是来得快去得快,我绝不会因为急躁就对别人抱有成见,或因为一时的分歧就变成了对立面。再比如,文艺界的有些人是非常敏感的,不能说坏话,只能够捧。如果你说一个人的东西没写好,那么他对你的痛恨,是要记一辈子仇的。但是,对不起,我宁可被别人记仇!如果我实在不能容忍你写的作品,我会说出来。所以,无论青年作家的作品,还是和我年龄差不多作家的作品,甚至是师长一辈的作品,我都直言不讳地提过一些我所不能理解、不能接受、不能苟同、不能赞扬的东西。实际上,这都是犯作家的大忌。但是,我宁愿付出代价也得把我的想法说出来,不然活一辈子,留了很多想法都没说出来,临闭眼的时候冤不冤啊?

▶ 与文学结缘：难忘童年时代的两本书

记者：您22岁时写成了《组织部来了个年轻人》，很多人22岁才大学毕业，而您已经成名，您是如何与文学结缘的？

王蒙：我这辈子读的第一本文学书，是小学二年级时读的《小学生模范作文选》。里面第一篇作文《秋夜》中的第一句话："皎洁的月儿升上了天空。"我原来不知道有一个词叫作"皎洁"。虽然我还是个孩子，但我深深地被"皎洁"一词感动，从此我走在大街上看到月亮，我就说"皎洁"，我沉醉在皎洁之中，月亮对我来说已经不再陌生了，我知道它叫作"皎洁"了。

等到再大一点儿，最感动我的就是《一千零一夜》里的一个故事：国王山鲁亚尔生性残暴嫉妒，因为被女人欺骗，之后就每日娶一个少女，第二天早晨就杀掉，以示报复。宰相的女儿山鲁佐德为拯救无辜的女子，自愿嫁给国王，用讲述故事的方法吸引国王，每夜讲到最精彩处，天刚好亮了，使国王不忍杀她，允她下一夜继续讲。她的故事一直讲了一千零一夜，国王终于被感动，与她白首偕老，不再杀人。

《一千零一夜》是天方夜谭，是故事，是不可能的，但还是让人感动。文学是对死亡的战胜，是对残暴的战胜。文学不仅能命名世界，还可以抚慰一个冷漠的生命，使人对世界感到熟悉。

记者：如今您仍在创作，每年至少拿出一到两部文学作品，那您下一个创作计划是什么？今后想写哪方面的题材呢？

王蒙：现在我在写新的长篇小说，我想在手法上能有一个新的创意。我更多地描写人的内心感受，对生活的印象、对人生的探索。不一一交代主人公的生活遭遇和历程，但是我不停地写他的心境，写他用心境组织生活的素材和经验。这个小说我已经写了八章了，大概会写十四五章，在明年春节前能够完成初稿。这是我目前正在兴致勃勃做的事。

记者：我们很期待您的新作。您曾说写作是您的人生，那还有什么题材是您想写还没有写的？

王蒙：我这七八十年走过的地方挺多，兴趣也比较广泛。中国人说"青春作赋、皓首穷经"，意思是年轻的时候，写风花雪月的辞赋多一些，老了对经典、理论的探讨会多一些。

除了小说以外，我也写过对老子的探讨，出版过两本书。对庄子的探讨出版过三本书，还有一本正在准备。但我并没有停止我的小说写作，今年已经出版了整理的长篇旧作《这边风景》，还出版了这几年创作的中短篇集子《明年我将衰老》。

我还有一些其他想写的东西：一个是对唐诗的心得、联想、体会；一个是想论述《聊斋志异》，这是我特别感兴趣的一本书。

记者：我们非常期待您的新作。近年来，荣获茅奖的作品很多都是描写农村题材的，为什么看不到反映当下城市生活题材的优秀作品？

王蒙：中国农村题材的作品能引起各方面的注意，我想是很自然的。因为中国是一个农业大国，农民数量较多，而且我们的文化也带有某些农耕文化的特色。我们讲中华文化，如果离开了农村，很多东西就讲不通。河南作家张宇曾说，其实中国到处都是农民，不要认为农民只在农村里面。有的人发财了，成了董事长，但是你要跟他接近一点儿就会发现他的文化心态、生活习惯还是农民；有的人现在当领导了，能力也很强，组织能力也很高，但是他的个人做派和行事方式，也仍然带有农民特点。

记者：您曾任全国政协文史委主任，后来又当中央文史馆馆员，前后当了15年政协委员，您说您"一边乐此不疲地做着这些事情，一边又很无奈"，您因为什么感到无奈呢？

王蒙：有些事情你想做，但是由于各种原因，不见得都能做得成。比如，文史资料里有一类相对敏感的东西。你看着这些资料淹没，会觉得不是最好的办法，你顶着风非要组织敏感资料的写作也不是好办法。所以总会有一些不由个人自主的因素影响着你的工作。

记者：您创作过这么多优秀的文学作品，哪一部文学作品对您的影响最大？您最喜欢的一位作家是谁？

王蒙：我并不专门偏爱哪位师长的写作，一说起码要说50个。比如，《红楼梦》对我影响最大，这么说完全可以，但是如果说孔子、《道德经》对我影响最大，也是站得住的。如果反过来说，托尔斯泰对我影响也很大，国外我也还可以说很多人。还有人想问，"你那么多作品里认为哪个最好？或者哪个最重要？"我也答不上来。

▶ 爱好体育，每年夏天都去北戴河游泳

记者：您现在的生活，除了阅读和写作，还有其他什么爱好吗？

王蒙：我比较爱好体育运动，尤其是游泳，每年夏天我都上北戴河。中国作协有个创作之家，我在那待一个半月左右。这一年写作中，最重要的打地基的工作，是在那儿进行的，对我的健康也能打下基础。我在农村农家乐还有一处房子，我喜欢到农村里去，喜欢上山，喜欢走路。我尽量推迟自己老化，虽然完全不老化是不可能的。

记者：您的儿子王山曾写过一篇文章《我的父亲》，写得很温馨感人，您对子女和后代有什么期望？

王蒙：我没有特殊的期望，我的家庭教育做得不算细致。我有些朋友的教育做得很细，比如给子女请家庭教师教乐器。当然我首先希望他们身体健康，因此，我在可能范围内很注意孩子们的营养、体育活动。我也希望他们正派，做个老实人，不要做坏人，不做那种纨绔子弟。我的孩子都比较务实、谦虚，这方面我还比较满意。

那个"不设防"的老顽童

自打开始做名家系列访谈起,就想着一定要抽时间去拜会王蒙老师。记得 2006 年"两会"上第一次采访他时,我还刚"入行",见到这么一位大作家,又激动又紧张,可王蒙老师一点儿架子也没有,就像一位亲切的长辈,不管你问什么,他都拉家常似的一一解答,对一切问题"不设防"。(王蒙有个闲章"不设防",他特别喜欢这三个字。)

不过,这次采访,约了两次才成功。2013 年 7 月初,我们发出邀请后,王蒙先生说要去北戴河中国作家创作中心待一个半月,我说,好吧,那回来后我们再联系。果真,再次邀约,王蒙先生爽快应允。

采访当天我们到得很早,走进王蒙先生位于北四环东路的家,不大的客厅被字画、花草装点得很雅致,最引人注目的要数墙上挂着的饶宗颐老先生写的两个大字"无量",从装裱的镜框上看,有些年头了。

十分钟后,王蒙先生笑着走出来,淡黄底色细格子衬衣,浅灰色西裤，虽已满头白发，但双目炯炯有神，儒雅大方，采访前，我们开始闲聊：

"在媒体上看了您北戴河游泳的照片，很有活力，像一个老顽童！"

"哈哈，我一直坚持游泳，我身上的肌肉不比年轻人差！"

"您平时上网吗？"

"上网啊，我也爱看人民网，办得有特色，很活！我曾与人民日报社社长聊天，提起办报，他说过要敢说话、说新话、会说话。我觉得很好！"

……

采访开始。

第一个话题便是新疆那16年的下放岁月。不过，对于这个沉重的话题，王蒙先生早已看淡看开，一句"这也让我躲过去了很多事，坏事变好事"，显得如此云淡风轻。

王蒙先生曾说对自己的弱点"不设防"，并要坦然接受看待。我们很好奇，到底有何弱点呀？"我是个性情中人，心太软，比较容易动感情。我向往的境界——顺其自然、行云流水。"他讲了一个小故事——当文化部长期间，有一次看李世济演出《哭塔》这场戏，居然哭了。"我很感动，哭得很厉害，泪涕横流，纸巾都不够用了，几近失态，太丢人了。我那时就下定决心，这个部长再不能当了。"不过，记者倒是认为，这一点也不丢人，这正是一个官员与文人的区别，一个作家倾注了自己的情感，才会这么感性，才会容易掉泪！

还有一个小趣闻。

主持人采访时口误，将王蒙先生22岁创作《组织部来了个年轻人》，说成了"12岁"，逗得老先生在那咯咯直笑："12岁创作的作品，那只能是儿童文学了。哈哈！"我们建议把这一段删掉重录，他却说，留着吧，这样更好玩呢。

采访完，我们在王蒙先生家里参观。餐厅、过道的墙上有很多老照片，其中一张为2001年泰国公主诗琳通来家里的合影，还有很多他与夫人崔瑞芳的老照片。最里间是王蒙先生的书房，两面墙全是书柜，还有一个书架，摆放着近期的各类杂志。采访中，我们得知，王蒙先生正创作一部新长篇小说，以人的内心感受为素材。刚巧，书桌上摆放着一台90年代时兴的老式电脑，我定睛一看，正是王蒙先生新创作的《烦闷与激情》的第九章……

明天就是王蒙先生八十大寿了。先生以出新书（《王蒙八十自述》）、办展览（《王蒙文学生涯六十年展》）的独特方式来贺寿。愿老人九十大寿时，我们还能读到他的新作，再次做客家中与他畅聊……

第二期 "江姐"于蓝：
为艺术忙碌一生

编者按："不要用眼泪告别，同志们，让我们用欢笑来迎接胜利。"这部诞生于半个世纪以前、根据小说《红岩》改编成的电影《烈火中永生》，影响了几代人，而女主角的扮演者于蓝也凭借细腻生动、朴实无华的表演为无数观众所喜爱。作为新中国二十二大影星之一、儿童电影制片厂首任厂长，于蓝曾经拥有过辉煌，也经历过平淡。

2013年一个夏日午后，我们来到儿影厂宿舍，探访这位92岁的老艺术家。满头银丝、一脸未语先笑的慈祥……此刻，坐在我们眼前的于蓝阿姨，声音温和沉静，眼神依旧明净刚毅，言谈中显现出豁达乐观的情怀。当她提到当年为演好《龙须沟》的"程娘子"，怀着三个月的身孕深入大杂院采访；当她说起当年筹建儿影厂，并立志"要拍出像拳头一样硬的儿童电影"；当她在亲人相继离世的打击面前，仍乐观地面对生活……这位德艺双馨的老艺术家告诉我们，什么值得一生去热爱和追求。

▶ 忘了我这个演员,永远记住江姐

记者:于蓝老师,听说您"认识"江姐是在病房里?

于蓝:1961年的冬天,我住院检查身体,从《中国青年报》上读到小说《红岩》部分章节的连载。这个故事太吸引我了,我忍不住读给同室病友听,他们也都爱听。一出院,我就托人从报社编辑部拿到了完整稿,一口气读完。

那时我一直想着要学做导演。正巧欧阳红缨(演员,曾参演《静静的嘉陵江》)打电话给我,也说读到一本好小说,想和我合作拍成电影,她一说书名,正是《红岩》。导演水华也很喜欢这部小说,主动打电话要求加入。没过多久,厂里(北京电影制片厂)派欧阳红缨去和崔嵬联合导演《小兵张嘎》,我和水华就留下来继续改编《红岩》。后来定了我演江姐,就不再担任副导演了。后来1962年,为了这部电影,我和水华、宋曰勋等同志花了差不多一年时间,去重庆、成都、贵州等地调查、采访。回来后,整理出来的资料有20万字。我视这份材料为珍宝,一直藏在家中,因为这些都是用文字记录的鲜血和生命。

记者:您曾经说过,一部好电影,首先要感动自己才能感动大家。

于蓝:确实是这样的。但是,剧本的创作却很不顺利,直到1963年的夏天,剧本出到第三稿了,还是没法拍。现在想想,正是因为当时大家都被革命先烈的事迹感动,哪个人的故事都不愿意丢开，结果就乱了头绪。

我们只得去北京求助夏衍同志。我们汇报了整整三天，结束汇报的时候，夏衍忽然问："你们为什么不写江姐？"我们一下没反应过来——剧本中有江姐两场戏，不能说没写江姐啊。看我们没明白，夏衍接着说："江姐的经历多么感人，她有丈夫、有孩子，而丈夫牺牲了，她又被捕了，她的遭遇是感人的……老百姓会关心她的命运的。"汇报后不到一周，夏衍就把文学剧本拿出来了。电影这才正式开拍。

记者：有网友说，您演的江姐之所以深入人心，在于您既演出了革命烈士大无畏的精神，又演出了她作为妻子、母亲的痛苦、隐忍和牺牲，有着一份特别的冷静。

于蓝：拿着文学剧本离开北京时，夏衍特意叮嘱我："你演江姐，千万不要演成刘胡兰式的女英雄，也不是赵一曼。"我一直琢磨着这句话。夏老当然不是在贬低这些银幕上成功树立起来的女英雄形象，而是在提醒我，江姐就是江姐。要演活江姐，就得找出她的独特之处。

我从大量素材中找出江姐的个性，当别人激动、哭闹的时候，她都格外冷静。比如，当她最敬爱、也是引导她走上革命事业的老师丁尧夫被国民党特务抓走后，全班同学惊慌、痛苦、愤怒，但江姐没有，她依然很沉静。据她日后所说，她当时想的是：如果丁老师是共产党员，那我就要做丁老师那样的人。我感到江姐绝不同于一般女性，这既和她儿时艰苦的成长环境有关，更和她善于思考的习惯有关。因为这样的性格，所以后来她在狱中，不仅勇于斗争,而且善于斗争。

记者:江姐这个角色对您挑战大吗?

于蓝:是挑战,也不是挑战。因为研究透了,我觉得演江姐不难,因为我理解她,我和她有着共同的经历和理想。

我是 1939 年入党的,江姐可能是 1940 年,我们都打心眼里恨日本侵略者,我也被敌人抓过、坐过敌人的大牢。体验角色的时候,我闭起眼睛想,如果那时候没有同志们的营救,我一定也会像江姐一样毅然赴死,绝不做叛徒。

但是,我比江姐幸运多了啊。她是地下党,在敌人的白色恐怖下工作;我在革命根据地,有八路军保卫着我们。我看到了胜利,享受到了新生活。可是,1991 年春天,当我去四川自贡市江姐家乡时,看到的是一段残垣。我是一个幸存者,仅仅因为扮演了江姐,就到处享受着人民对我的喜爱,而江姐呢?我当时控制不住哭了,心里还有一丝埋怨:为什么我们不把残垣修复?但是今天,当我再次回想起那日里看到的,残垣不远处的层层梯田,那片鲜黄和嫩绿,我就释然了。这片美丽土地上的祥和,不正是江姐为之奋斗的理想吗?舍了小家,她要的就是这样的大家。

记者:除了"江姐"这个角色,您在《龙须沟》《林家铺子》《革命家庭》等影片中都有过出色表演。

于蓝:1952 年我拍电影《龙须沟》,演靠摆烟摊求生的贫苦妇女程娘子。当时北京人艺的话剧《龙须沟》已经非常成功了,参加拍电影的多数也都是北京人艺的演员,他们都是纯北京人。

而我当时在北京也好多年了,九一八事变日本人到了东北,我就到了北京,一直在北京念书,我自然就受北京的影响,像东北的土话,我都不知道怎么说了,只按照北京学生的话去说。所以这方面也没有感觉难度很大,当时主要担心我那个泼辣劲儿做不出来。

导演水华非让我演,我觉得很困难,我说这泼辣劲儿我演不出来,干吗非要让我演呢?水华说你有对丈夫的爱,能从你的眼神里感觉到,其他演员好像做不到这样,很自然地流露出来。后来我也没有办法,为演好这个角色,当时我怀着田壮壮,走了好多大杂院,走得腿都肿了,每个大杂院都跑,还是没有感觉。我说这可怎么办?忽然有一天,我妹妹住在协和医院,她很危险,我们传达室收发员的爱人,她大声说于蓝同志,你妹妹怎么样了?吃东西怎么样?那些动作让我一下觉得这不就是《龙须沟》的"程娘子"吗!那个神态,嘎巴脆那个劲儿,我对她印象非常深刻,这就是我脑子里的"程娘子"。后来,我就和她们生活工作融在一块儿,一下子就找到了这个角色。这样,我演《龙须沟》也成功了。

▶ 60 岁执掌儿影厂,一干就是 20 年

记者:您 60 岁当上儿影厂厂长,一干就是 20 年,对儿童电影倾注了很多心血。

于蓝:1971 年我在干校劳动时,不小心跌下屋顶严重受伤,把左脸摔坏了,脸神经总是一跳一跳的,没法再当演员了。1981

年,中央工作会议号召全党全社会都要关心青少年成长,决定成立北京儿童电影制片厂,我那时刚做完一个大手术,身体还在恢复,接到任命,刚好是我60岁生日,按照现在的规定,60岁应该退休了,但党和人民需要我去为儿童服务,我没有半点儿犹豫。我说可以,就接受了儿影厂厂长的任务。这样开始招兵买马,四处奔走。没有好作品,给孩子看什么?我那时候想,必须要有拳头一样硬的好作品给孩子。因为也不能演戏了,只有拍出好作品给孩子看。

记者:我们知道您的儿子田壮壮老师是中国电影第五代代表人物之一,您对现在的电影人有什么期盼呢?

于蓝:说老实话,现在电影看得很少。因为腿不好,耳朵也不好,没有字幕不行,就在家看看有字幕的电视剧,我还是喜欢看抗战、红军题材的。谈情说爱的,到我这个岁数,就不爱看了。前阵子一个讲彭德怀的电视剧,拍得挺真实的。为什么以前的英雄形象可以引起几代人的共鸣?就是因为演得真实。

记者:刚才您提到爱看书,现在还看书吗?

于蓝:现在看书很少了,因为眼睛不好,都得拿着放大镜看。有些同志寄来的书,他们自己写的,我看一看,名著什么的我基本不看了,再说,我年轻时候都看过了,像托尔斯泰的、屠格涅夫的,还有法国的,基本上都看过了。

记者：在您看过的书里，对您影响最大的是哪本？

于蓝：《战争与和平》。

主持人：您有没有特别喜欢的作家？

于蓝：当然就是托尔斯泰了。我就对这个作品始终还是印象很深的。此外，屠格涅夫写的《贵族之家》也不错，写得很好。

主持人：读书给您的人生带来哪些影响？

于蓝：我看托尔斯泰的《战争与和平》，是在初中时。那个时候看的书，对我后来人生的道路影响很大，让我懂得什么是美、善，什么是丑、恶。自己的种种见识和毅力，有很多都是从多年的阅读经历中领悟和培养出来的。好书能使演员开阔视野，丰富生活。

▶ **长寿秘诀：坚持锻炼，每天练字学画**

记者：您有良好的文化素养，也保持了一个良好的学习习惯。我们知道您之前又学了画画，现在每天还画画吗？

于蓝：我出生在一个知识分子家庭，哥哥、弟弟、妹妹都会写字，都比我强。我因为参加革命早，该写字的年龄没有写，也没有好好念书，到老了闲着没事，才拿起笔来。除了看报，自己也想要写字，这样可以坐在那儿什么也不想，学不好，就当模仿吧。下午抽出时间来画会儿画，也是自己学，没有正经的老师。

记者：您身体这么棒，这么精神，有什么长寿秘诀吗？

于蓝：我从小就是文工团员，比较注意体形不能太胖了，要不然镜头前面不好拍，所以吃东西就养成一种习惯，比较素淡。我每天坚持锻炼，早上六点起床，自己在屋子里活动活动筋骨，七点开始看早间新闻，主要看中央一和四频道，一个是国内新闻，一个是国际新闻。老年人不能和社会脱节，要自己找方法、找渠道关心当今世界，不能去麻烦年轻人，他们都有自己的生活和工作。

记者：谢谢于蓝老师，祝您身体健康，永葆青春！

于蓝：谢谢！

 记者印象

读书养生，气若幽兰

2013年6月24日午后，我们来到儿影厂宿舍采访于蓝老师。因为到得早，怕惊扰老人休息，我们特意在院子里等待了一小会儿才上楼。敲开老人家门，于蓝老师正一边看报纸一边等候我们，老人家看到我们来了，脸上露出温和的微笑，边冲我们招手，边扶着轮椅扶手出来迎我们。

于蓝老师把我们领到了小客厅，一间不到10平方米的屋子，地板上的黄色油漆早已褪去，家中摆设很简单，两个老式沙发，一个书柜，房间最显眼处要属墙上挂着的一张老照片，照片上周恩来总理握着于蓝的手，回头对大家说着什么。据于蓝老师回忆，这是1961年周总理和电影工作者同游香山时的留影。当时，周总理说的是："她演了一个好妈妈！"周总理所说的"好妈妈"，是于蓝在银幕上成功塑造的另一个革命女性形象——《革命家庭》中的母亲周莲。说起当年的情景，于蓝老师至今仍历历在目。

采访开始前，我们才得知，老人一个月前刚做完白内障手

术,"到现在,眼前还有些模模糊糊",但是就这样,于蓝老师还是接受了我们一个多小时的采访。当聊到演电影《龙须沟》的情景时,虽然是 50 多年前的事了,但于蓝老师依然很兴奋,手舞足蹈,说冼群导演执意让她演"程娘子"。为了让表演更精炼、扎实,当时怀着第二个儿子田壮壮,大着肚子体验生活,跑遍了大杂院,以至腿都肿了。

于蓝的一生并不顺利。抗日战争时期,曾亲历了九一八事变,后来背着家里偷偷上延安参加革命;"文革"时,她和丈夫田方双双被打倒,下放劳动,几年都不得见面。后来一次劳动,不慎跌下屋顶严重受伤,留下了面部肌肉抽搐的后遗症,不得不遗憾告别了她所热爱的银幕和舞台。1981 年,以花甲之年,受命组建儿童电影制片厂,并出任首任厂长,一直干到 80 岁退休。

说起这段往事,于蓝显得很淡然,仿佛这些并不曾发生在自己身上。采访最后,我们请于蓝老师讲讲自己的长寿秘诀,她说自己一直坚持锻炼,每天都到楼下院子里,绕着儿影厂的宿舍楼走上 10 个圈。每天的作息也很规律,"六点起,十点睡,上午看书看报,下午画画"。读书养生、闲时画画、坚持锻炼,老人的晚年生活简单而快乐。于蓝说,人要保持乐观的生活态度,不要留太多的烦恼在心里,学会排解,保持好的心情对健康很重要。

采访完,老人还兴致勃勃带我们参观其他几间屋子,给我们讲墙上那些照片的故事:"这是 70 岁时,搞儿童电影的人一起给我过生日;这是我和田方(于蓝老师丈夫)去苏联时拍的照片……"听老人家讲述那些往事,讲述她一生热爱的电影事业,思维清晰敏捷,一点儿也看不出这是一位已经 92 岁、身上多处动过手术的高龄老人。

结束采访，于蓝老师扶着轮椅，执意把我们送到电梯口。电梯来得很慢，老人身子靠着墙站着，坚持和我们等电梯，直到我们离开。

走出儿影厂宿舍，于蓝老师的话仍在耳边回响。她的一生，正是电影里江姐的那句经典台词的写照——"共产党员的意志是钢铁。"我想，我会永远记得这位老人，以及她对电影的执着与热情、对生活的乐观与坚忍……

第三期 烟雨平生蓝天野：
我最好的生活在舞台上

编者按：他曾是《封神榜》中仙风道骨的姜子牙、《渴望》中温文儒雅的王子涛、《茶馆》中丰神俊朗的秦二爷、《家》中虚伪道学的冯乐山、《甲子园》中饱含家园之情的黄仿吾……几十年间，蓝天野在舞台上的表现，正应了曹禺《原野》里的一句话——大地是沉郁的，生命藏在里面。他爱好画画，热衷表演，在84岁那年，重返人艺戏剧舞台挑大梁。近日记者来到蓝天野家中，听他谈话剧、说弟子、聊读书、话养生。

▶ 新剧《甲子园》：起初因台词量太大拒绝

记者：天野老师您好，在《北京人》里您是曾文清，在《茶馆》里您是秦仲义，您演过那么多角色，为什么会最爱《甲子园》里的"黄仿吾"呢？

蓝天野：其实，演员对自己角色的感觉，有时候很难说清楚。为什么去年我演《甲子园》呢？有很多因素。去年是北京人艺60周年，有很多庆祝活动，但是最难的就是要有一台新戏，一台符合"原创、当代、北京"的新剧。

北京人艺请了很多能力强、功力深厚的作家来写，考虑剧本时，说还有一个何冀平的戏，只是有了一个构思，还没有打算写。第二天我约了何冀平，谈了我的一些感受，我建议她马上写，后来她春节都没有过，一个月把初稿拿出来了。我和张和平院长说，"原创、当代、北京"，这个戏行了。

《甲子园》是一个现代题材的戏，但是它写的是人间真情，这里面还写了生活中的一些矛盾，比如物欲、贪婪。开始，张和平院长让我跟他一起做艺术总监，后来导演让我演，我说真的不行。因为这个戏台词量太大，按我的年龄、精力，特别是记忆力，因为我常年睡眠不好，所以记忆力特别差，我觉得这个戏我演不下来。

记者："黄仿吾"这个角色和您有哪些相同，哪些不同？

蓝天野：当然，他跟我有很多不同，比如他的经历、身世，海外留学经历，这个我没有。但也有很多相同的，比如1945年，戏中这个房子是中共地下党的联络站，而1945年我自己的家，恰恰也是中共地下党的联络站，家里面也有电台，架了电线。1948年，这儿是人民解放军前线指挥部，我没有参加过部队的生活，但是，1948年底，北京临近解放的时候，我们作为当时解放区的文工团，急行往北京赶，要参加北京的解放。这个戏，是我以自己的生活经历去体会接触的一个人物。他对人对事的态度，和我自己生活的经历有很多相同。这个戏是我人生经历中感触最深的一次演出，很难得。

▶ 20年后回归舞台，85岁第一次演坏人

记者：您85岁时重返舞台出演《家》，当时您说要演就演"冯乐山"，为什么要演这样一个反派人物呢？

蓝天野：2011年，马欣书记给我打电话，说张和平院长要请你们老两口和朱旭老两口吃饭。我想肯定有事要谈。张院长说，我们现在想排《家》，请你和朱旭各自担任一个角色。我一听就愣了，我离开话剧舞台20多年了，太生疏了。

后来我说非要让我演一个，就换个思路，我来演大反派冯乐山。我这一生在舞台上还没演过反面人物，没演过坏人，也许这样更能有新鲜感，激发创造欲望。首先，他是当地首屈一指的绅士名流，一出场在那里评论，高老太爷，你最近写的诗怎么样？中间还有场戏在庭院，庭院柱子上的楹联都是冯乐山题的，到处作诗、题字，这么一个人。所以，你不能把他演成一个畏畏缩缩的坏人，但是这个人本质是很残忍的。按照现在来讲就是一个淫棍，但表面上是一个正人君子，道貌岸然，所以你两面都得充分表现出来。

记者：再回人艺舞台演戏，感觉如何？

蓝天野：我离开人艺舞台的时间太久了，现在北京人艺有濮存昕一代的骨干力量。我们更年轻一代的演员，有很多人条件很好，有悟性，也很用心。过去我们老说这些年轻演员，好像跟北

京人艺的演戏风格不太一致,有点儿不合这个槽。和他们合作,在一个戏里演,我感觉这个问题也不是很复杂,让他知道他演的一个人物,这个人物就在现实生活中。我常常说,你表演,别飘在那里,飘在那只演一个感觉。我们过去表演上最忌讳虚假造作,从表演专业上来讲,不要表演情绪,你要演这个人的具体行为,戏要落在地上。

记者: 在您看来,什么是北京人艺演剧风格?

蓝天野: 北京人艺确实形成了自己独特的演剧风格,我觉得比较能概括的,还是原来焦菊隐先生总结的三句话:深刻的内心体验、深厚的生活基础、鲜明的人物形象。演员的天职就是要塑造鲜明的人物形象,就是第三句。前面两点就是为了塑造鲜明的人物形象,要充实自己,要有深刻内心体验,要有深厚的生活基础,北京人艺就特别注重体验生活,注重生活积累。这可能是北京人艺演剧风格很重要的一个部分。

北京人艺 1952 年建院,建院第一件事不是排戏,而是马上分了四个组体验生活,历时半年。1964 年,我通过北京市推荐,到房山的冈上大队体验了一段农村生活,这里当时是全国的一面农业旗帜,老书记是全国劳模,我就和冈上大队的老书记住一个小屋,和他在一个炕上待了半年,天天跟着他们到地头转。

▶ 为濮存昕开启人艺门,培养宋丹丹、王姬一批学员

记者: 您曾说会演戏的演员演人,生活积累决定艺术创造,

您演戏演话剧最大的感悟是什么？

蓝天野：很难用一两句话概括，每一个演员，每一个阶段，他想要探索的东西不一样。50年代初，中国话剧早期一位戏剧演员洪深先生，他留美后回国给我们排戏的时候讲过这么一句话：不会演戏的演员演戏，会演戏的演员演人。

实际是什么呢？我们演戏，从演技方法上来讲，受斯坦尼斯拉夫斯基体系影响比较大，20世纪50年代来了很多苏联专家，各门各类，戏曲艺术也有。在中央戏剧学院开了表演训练班，由苏联专家主持。我们开始在实践中意识到之前这样演戏不对了，你在舞台上应该有思考、有行动，怎么在舞台上表现一个活生生的人。

回来之后，我在剧院办了一个在职演员学习班，包括宋丹丹、梁冠华、王姬等。当时我除了制订表演教学计划外，只有两个要求：第一，招那些真正有强烈学习愿望的人；第二，我申请收一点儿观摩费，在学习期间观摩一些京剧、曲艺。最后，我们排了田汉先生写的京戏，名角的戏《螺蛳之死》，当时到各个京戏团体验生活，回来做大量的表演练习，通过这个戏，从简单练习到塑造角色。

记者：刚才您说到弟子宋丹丹、梁冠华、王姬等，能点评一下这些徒弟吗？

蓝天野：他们现在已经是剧院最具代表性的骨干了。比如濮存昕，我离休前最后排一个戏，把濮存昕借来演主角，当时还引起了不算太小的风波。因为演员都想演戏，听说在外单位借一个演员来演,有一些舆论。后来三位副院长来找我谈,能不能不借呀?搁了一年,剧院又来找我,我说那行呀,把濮存昕借来,咱们就排呀。

当时濮存昕一个年轻演员,进到北京人艺,而且这一年有那么强的舆论,这个排练场很难进,那么多双眼睛看着。但是,他真的就那么踏踏实实地演,这就是我们一代演员。还有宋丹丹,他们都是考进北京人艺开始学演戏,从最基本的学起,现在成一代骨干了。他们都具有独立创造人物的能力,有自己的见解。

记者:天野老师,您对现在依然活跃在舞台上的弟子有什么期盼呢?

蓝天野:好好干吧,他们已经是最成熟的一代了,有自己艺术上的追求、目标,早就实现了很多,还在继续不断探索。

▶ 阅读广泛兴趣杂,阴差阳错才演戏

记者:话剧聊了不少,下面聊聊您读书。我们知道您广泛阅读,您最喜欢哪一类的书籍?

蓝天野:在我小时候,祖父几乎每天晚上躺在炕上给我讲书,讲的都是公案书,比如《施公案》《七侠五义》。后来慢慢长大了,自己看书,看公案书也比较多。那些书文学性不强,但把过去历朝历代的民间生活描述得形象生动,给了我很多知识。再一个阶段,就是在演剧队我开始演戏,世界名著看得很费劲。比如那时候看《约翰·克利斯朵夫》,很多地方似懂非懂,硬着头皮看才看完。但有一部书我硬着头皮都没有看完,就是托尔斯泰的《战争与和平》,当时不到 20 岁,硬着头皮想看完,却没有看完。

我兴趣比较杂,碰到什么事,有兴趣了,就想看这一类书。小时候玩蛐蛐,那时候我在北京图书馆借过一本书,叫《促织经》,一本讲怎么养蛐蛐的书。过去北京人艺开很多书单,包括古今中外的世界名著。我经常给他们推荐两部书,一是大家都看过的《红楼梦》,为什么?作者曹雪芹他把人写透了,把生活写透了,看起来不过是,贾母吃一顿饭,请林黛玉、薛宝钗、贾宝玉跟着去,单弄点儿茶,就喝点儿茶,但真的把人写透了。

记者:刚才您也提到兴趣爱好广泛,话剧、读书、收藏,还有书画,哪一个是您最难以割舍的?

蓝天野:收藏,说不上,可能就是各种兴趣。一个人生活中,有点儿兴趣总是好的。如果说真正的兴趣,可能是画画。我年轻最早学的专业是画画,后来阴错阳差就演戏了。我小时候比较内向,最初确定的专业是画画,当时进的是国立北平艺专,就是中央美术学院前身。尽管前几年我离休了,不演戏了,又画画了,但是它总还是业余的,很难成为一个专业画家,因为晚了,搁那么多年了。

画画有一个好处,我想什么时候画,兴致浓了,马上就画。我的老师李苦禅先生(齐白石的弟子),齐白石就评价他,说苦禅学我不似我。所以他讲,你不要都是模仿,要创作。我还有一位老师许麟庐,1996 年,我第一次在中国美术馆办我个人画展的时候，他给我题了八个字，"勤于笔墨"，我以前老演戏，很少画，他说要多画。"独辟蹊径"，你自己开辟一个属于自己独特的道路，这就是创作。你光是模仿，你模仿得再像，那也没有什么艺术生命力。

▶ 16 字养生心得：顺其自然，适当锻炼

记者：天野老师，听您说话的声音，一点儿都不像 80 多岁，能否跟我们透露一下您的养生心得？

蓝天野：心得，就是人不要讲养生。这算心得吗？北京人艺我们这一代人以前谁身体最差？百分之百是我。因为我睡眠特别不好，一宿一宿睡不好觉，上台演戏，人家老在表扬，蓝天野，带病坚持工作，我说这不对。我演戏，精神不够好，肯定我演的就不是最好的状态。

可能这几年，我属于身体好的了。同龄人一个个走了，有的身体越来越差，一些身边很熟的人，整天在考虑养生。一个人每天老琢磨自己身体，越琢磨越坏，别太计较，别太在意，或者说顺其自然。有时候不能超负荷，还应该有一点儿锻炼。我从小学过武术，年轻的时候，为了增加身体灵活性，各种球我都打。所以现在在台上还比较灵活，肢体的感觉还行。

记者：感谢您和我们分享您的演戏心得、读过的好书，愿您健康长寿！

蓝天野：谢谢你们。

记者印象

"从不养生"心随性

2013 年 7 月 8 日,下午 1 点 30 分,我们正要出发去采访蓝天野老师,意外地接到了他的电话。他问我们有没有出来,我回答正要出发呢,天野老师"哦"了一声,嘱咐我们到了就先等他一下,他正谈事,马上赶回去。呵,多细心的老人。

2 点 20 分,到得比预想要早,我试着给天野老师发了个短信。没想到,过了一会儿,天野老师居然回短信了:我马上到。这一举动,让我们都有些吃惊:86 岁的老人居然如此熟练地收发短信!

果不其然。五分钟后,从不远处传来中气十足的声音,我循声而望,天野老师正一手打着电话,一手拿着拐杖,走得飞快,虽已 80 多岁高龄,却依旧风度翩翩,拐杖在他手里似乎只是为了增添他的风度。

走进天野老师温馨典雅的画室,扑面而来的是那浓郁的艺术气息,墙上挂满了书画,黄永玉作的版画和程十发画的《屈子橘颂图》尤为醒目。书柜里装满画册、艺术类图书,书柜旁是友人为天野老师雕的铜像。桌案上布满了各种奇石古董。

年过八旬的天野老师，身体康健，思维敏捷，和蔼地向我们述说着他的人生故事。

闲聊中，我们提起6月末曾到于蓝老师家里采访，天野老师一听便说："好啊，她可是个好人。"天野老师告诉我们，他和于蓝还是同学哩！原来，1954年12月至1956年9月，中央戏剧学院举行了一个表演干部训练班，由苏联专家库里涅夫授课，学员来自北京的主要话剧院团，人艺指派蓝天野等人参加培训，而于蓝也正好在那个班里学习。2011年，天野老师在美术馆举办个人画展，于蓝坐着轮椅到场祝贺。

兴趣，这是天野老师在采访中说得最多的两个字。因为兴趣，在阔别舞台20余年后，他以85岁高龄重返人艺出演《家》；因为兴趣，他曾专门从北京图书馆借了介绍养蛐蛐的《促织经》来看；因为兴趣，他喜欢看京剧爱上了京剧唱腔；因为兴趣，他晚年开始收藏奇石，全国各地搜罗各种石头……提起最爱的画画，也是随性而画，"拿起笔想画什么就画什么"。

因为年轻时注意锻炼，天野老师说现在胳膊腿依然灵活："我年轻时爱锻炼，我游泳游得不错。我什么球都打，篮球、排球、乒乓球、羽毛球，我从小还练过武术……"

问及有何养生秘诀？一句"我从不养生"的回答令我们惊讶，随后，他淡淡地说了16个字，令我们释然："顺其自然，别太在意，别超负荷，适当锻炼。"

采访中，天野老师说起了人艺学员班的往事，如今活跃在影视圈和人艺舞台上的这些大腕，宋丹丹、王姬、梁冠华……都曾是天野老师人艺学员班里的弟子,问到对这些"台柱子"有哪些期望时,天野老师说了四个字:好好干吧。"他们现在都有自己的目标,有独立创造人物的能力,无须我再多讲什么了。"

临走前,天野老师领着我们在书房转了一圈,屋子里挂满了他的照片,有和夫人狄辛1980年同台演出《王昭君》的剧照;有去年《甲子园》演出时,温家宝总理观看后与演员的合影;有年轻时演《茶馆》的剧照……

86岁的天野老师,精神矍铄,依然爱画画、爱话剧、爱读书,他指了指书柜里放的一套书:"最近我在看这套书。"我一看,是新近出版的《中国现代战争史》。祝福这位兴趣爱好广泛的老爷子健康长寿!

第四期　文保专家谢辰生：
文物破坏的根源是金钱挂帅

编者按：92岁的谢辰生先生被誉为"一部活的文物保护史"。他曾经担任郑振铎先生的业务秘书，1949年后在上海参与了战时文物的清理工作。他主持起草了首部《中华人民共和国文物保护法》。60多年的文物保护生涯中，他起草出版了大量的文物保护文件、书籍，为制止文物走私、古迹破坏奔走呼号。当提到当前文物破坏的根源时，他极为愤慨，认为根本性问题是"金钱挂帅"，提出必须要树立文物部门的权威，做到违法必究。

▶ 80年代后文物破坏更甚"文革"时期

记者：谢老您好！您曾说，中国文物破坏最严重的时期不是"文革"，而是20世纪90年代以后，到现在都没有停止。您为什么会下这一结论？

谢辰生：这是根据事实说话。"文革"期间，的确破坏了文物，但时间很短。1966年"文革"开始，红卫兵上街扫"四旧"，出现了毁坏文物事件，它所毁坏的文物对象，就是抄家。这时，周总理派了一个团的解放军进驻故宫，红卫兵进不去，于是就保护了故宫。中共中央、国务院、中央军委、中央文革，四个单位也联合提出要保护文物遗产，属于国家的财产，都不能破坏。通告一出来，他们就不敢砸了。随后，1967年5月，中共中央又颁发了一个专门保护文物的文件，叫《"文化大革命"期间保护文物图书的通知》。

此外，那时从来没有盗墓的，也没有走私文物的，从1949年开始，就结束了文物被盗窃、大量外流的历史时代，这是一个了不起的标志。实际上，"文革"期间，不但没有那么严重地破坏文物，而且还有很多保护措施，许多重要文物都是在那时发现的，比如马王堆出土了一具完整的女尸，还有竹简、金缕玉衣都是"文革"期间出土的。"既有破坏，又有可喜成绩"是对"文革"期间文物工作的正确评价。

80年代以后发现又有盗墓、走私的了，1987年，国务院颁发了一个坚决打击文物犯罪的通告，集中打击了一段时间，有所收敛。可是到90年代就控制不住了。为什么？因为太多了，老百姓原来是保护文物的，现在有些老百姓跟着也挖这玩意儿，因为这个东西来钱。

"文革"期间，破坏文物是个认识问题，说它是"四旧"，这容易纠正。可是到了80年代末期、90年代就不同了，那是利益问题，根本性问题是金钱挂帅。十一届二中全会邓小平同志就提出了这个问题，而且批评了文物界。他有一段话说得很有意思，现在一切向钱看是绝对要不得的。一些混迹于文艺界、出版界、文物界的人，简直成了唯利是图的商人。

记者：文物屡遭破坏，归根结底，它的问题在于利益。

谢辰生：在于利益，在于钱，"文革"期间和 80 年代以后的不同是，认识问题和利益问题。

▶ 谈"拆旧建新"：复建假文物的出发点还是利益

记者：现在有一种现象，北京梁林故居遭违法强拆，广州民国建筑金陵台、妙高台被毁，古建筑保护频频告急，但是另外一边，比如济南斥巨资复建老火车站。一批批"真文物"消失在人们的视野中，但是一批批"假古董"拔地而起。这种"拆旧来建新"的现象，您觉得原因是什么？

谢辰生：原因还是利益问题，因为可以赚钱。比如，强拆梁林故居是为盖新房子，也是为了利益。"假古董"也一样，原来拆的时候没想到要搞旅游，后来一想还得修起来，于是去复建一个文物。文物并不是复建了就是文物，复建的是假文物。现在有许多地方搞旅游，花很多钱搞假文物，觉得这样可以吸引游客赚钱，实际上也未必有人看假文物，未必准能赚钱。现在就这情况，出发点还是利益问题。

记者：最近，惠东县的一座圣旨牌坊，在"文革"期间实际上被毁了，近年重建，被评为文物，但是引起了广大网友质疑：

"重建的古建筑还算文物吗?"

谢辰生:不算文物,是复制品。

记者:当地博物馆回应称:"这座圣旨牌坊,保留了相当数量的原件,而且重建过程中能使用的原件都使用上去了。"

谢辰生:能用上了也是假的,是新建的,重新恢复的。当然这种情况也不是说不可以,在必要的时候也是可以的。比如真正像他说的一点儿都没动,工艺也是原来的,材料也是原来的,弄出来这叫复原。复原是可以的,但是必须经过批准。第二,复原的必要性怎么样。这里要分情况,并不是说一律不许复原,但是从总体上说,已经损毁了的东西,就不要再修了。像你说的这个牌坊,它是大修,是整个重新复原。但是一般并不是这样的,现在有很多东西就是复制,是假的,不是原来的东西,是照猫画虎。

▶ 破坏文物违法难究,文物部门要树立执法权威

记者:面对这种拆旧建新的现象,有什么办法可以制止?

谢辰生:现在不是办法的问题。《文物保护法》自1982年公布以后,一直到现在,经过几次修订,基本要求是没有问题的。问题在于现在有法不依,违法难究。如果一定要说现在破坏的原因,那就是利益驱动,这个利益是什么?是谁啊?绝不是国家!或者是单位,或者是团体,或者是个人。所以,破坏的根源就是一切向钱看的这种思想。

第二句话，制止不了。为什么？有法难究，不是有法不究，比如文物部门有些不负责任的。但是，有的地方根本没法究，比如对开发商，开发商还惹得起？有的甚至是政府行为，开发商和政府是一回事，那怎么办？所以，要解决这些问题，首先是要把权力放在笼子里面，把这个事解决了，什么问题都好解决了。

记者：对于文物单位有法难究，您有什么建议？

谢辰生：如果违法不究，那是文物部门的失职。最大问题是违法难究，因为它是一个弱势部门。要解决这个问题，我觉得最主要的就是要把权力放在笼子里，要让文物部门有执法权威，有责任在身、当仁不让的精神，不要见难而退，要见难而进，这是对文物部门的要求。最好是，比如你把房子拆了，再给我恢复，梁林故居不是恢复了吗？你就应该在这里立个牌子树个碑，说清楚是哪年哪月谁拆的，有何处分，作为一个历史永远记住，别人看到这个牌子，以后他就得留点儿神，懂得羞愧。

记者：开发商强拆违建这样的情况呢？

谢辰生：按照法律规定处分，只要真正处分，那就厉害了。现在有时候处分不了，根本惹不起。

记者：文物部门为什么成为弱势部门？

谢辰生：文物部门的官小，部门小，人家不理你，尤其是和利益一结合。所以，我们就是要恢复这个原则，要树立它的权威。

记者：第一部《文物保护法》是在 1982 年制定的，对于上述谈到的这些问题，有约束力吗？

谢辰生：完全有法可依，哪一件事情都可以和法律对上，法律说得很清楚的。就是有法难究。我不说有法不究，也有不究的，但是基本上是难究，对方有势力，有后台，你就不好办了。

▶ 追索流失文物"三原则"，不赞成花大价钱买回来

记者：前不久媒体报道乾隆印章被拍卖，以千万人民币成交，近年中国文物流失海外现状如何？

谢辰生：文物流失海外的现象很严重，现在很多东西都是走私出境的。流失海外有几种情况：一种是历史上的帝国主义侵略，八国联军把我们东西拿跑了；一种是当时巧取豪夺，偷偷弄走了，也有个别明目张胆地给弄走；另一种是现在非法出境的，就是 80 年代、90 年代以来，大量地走私出境。还有的是流散在外面的，要有区别。

这个区别在哪呢？过去的和现在的、珍贵的和一般的、非法的和合法的，都该有区别。比如兽头，花几千万买回来，我是反对的。当时有人说这是国宝，我说这是国耻，因为它本身并没有多高的价值，就是颐和园建筑构架，当然要说没价值是瞎话，但绝不是国宝。

记者：您认为现在对流失文物该采取何种态度？

谢辰生：根据我刚才说的几个情况，过去和现在，重点在现

在；珍贵和一般，重点在珍贵；合法与非法，重点在非法，因为合法出去的，你放着慢慢来，所以非法是主要的。我觉得应该是这么一个次序。

因此，重要的是我们今天想办法通过正当程序追索现在流失的文物。至于以前流失的，不可能全都弄回来，因为现在全世界博物馆都有中国文物，所以我们要有重点、有区别地对待。而且现在的价格是天价，我认为国家民生问题还没有解决，去买文物干什么？我一辈子干文物，买文物我当然高兴，但是我不应当这么想，我应当想的是国家、民族，花几亿买个文物回来没有必要。

记者：您认为追索流失文物，最大的难点是什么？

谢辰生：既然已经成了其他国家博物馆的藏品，还能追索得回来吗？那些东西暂时是追索不来的。即使现在要买，也只能买到过去合法流出去的文物，或者是华侨带出去的，这些合法出去的东西你可以合法买回来。我不赞成现在花大价钱去买，但是真有价钱合理又特别好的，也可以买。但是最好是先追索现在非法出境的东西，我是这么理解。

记者：我们应该如何看待流失文物回归呢？

谢辰生：合法的东西慢慢来，但是也要追索，永远保持我们的所有权，这一条不要动摇。可是什么时候追索、怎么追索，我们应该要区分，不要一窝蜂地花钱，尤其是现在有些人有点儿钱了，他就觉得可以买，其实可能会上当的。

 记者印象

平生只做一件事的"国宝卫士"

"中国近 20 年对文物的破坏远甚于'文革'!"

说这句话的是今年 92 岁高龄的文物保护专家谢辰生。

这位 92 岁高龄的老人为何会下这一结论?当今文保究竟面临哪些棘手问题?带着这些疑问,我们拨通了谢老的电话。接电话的是谢老老伴:"谢老出差了,周末才回来呢。"一周后我们再次联系上了谢老。听说我们要采访文物保护方面的话题,谢老很热情:"好啊,好啊,你们什么时候来?"

谢老的家在安贞里一个 80 年代的居民楼里,楼道里没有电梯,房间几乎没有任何装修,十分朴素。因为居住年头长的缘故,水泥地面的漆也脱落了,屋子里满是收藏的书稿和资料,两个大书柜靠墙而立,里面的书摆放得整整齐齐,一张一米左右的小床紧挨着书柜,唯一"现代化"的家具是墙上挂着的那台空调。让人顿生"斯是陋室,惟吾德馨"的感慨。在这里,谢老一住就是 30 年。环顾四周,整个房间最引人注目的便是墙上挂着的那面大锦旗,仿佛静静述说着主人的一生:"恭祝谢老米寿:平

生只做一件事，热血丹心护古城。"谢老告诉我们，这是全国文物志愿者协会送给他的。

在来采访途中，我们闲聊，文物专家的家中一定收藏了很多"宝贝"，这回可以大开眼界了，可是，来到谢老家中发现"一件宝贝也没有"，谢老告诉我们，"文物部门有纪律，从事文保工作的人，禁止买卖收藏文物"。

访谈开始前，我们好奇地问起谢老之前出差的事，老人告诉我们，去福州三坊七巷田黄馆参加开馆仪式。92岁高龄的谢老，至今仍为中国文物事业奔走。老人说，他现在每天还到市场买菜，自己做饭呢。

访谈中，谢老提及现在一些文物遭乱拆、说起倒买盗卖文物的现象，连说"很生气"，"'文革'中对文物的破坏，那是认识问题，容易纠正，当时没有盗窃，没有走私，破坏时间短，范围小，80年代末到现在，变成利益问题了，有法不依，违法难究，文物部门变成了弱势部门"！

谢老提议，"要我说，对那些乱拆文物的单位不能罚款了事，除了让他们拆了复原外，还要在旁边立个碑，写清楚在这干了什么事，让他们羞愧"！

访谈结束后，我们问起谢老最近关注什么，谢老气愤地说起北京某大企业要拆文物盖楼的事，通过努力终于有了进展，"我现在什么也不在乎，对破坏文物的事，我要管到底"。

虽然已经退休多年，但谢老把毕生精力都放在了他最爱的文保事业上，每天他会接到来自各地的文保志愿者的电话，哪里的文物遇到了"险情"，他就会"上书"直言，直到问题解决。

采访过后的周末，记者意外地接到了谢老用手机打来的电话，因为记者手机存的是谢老家里电话，开始不知道是谢老来电。"我姓谢，您是哪位？你打电话找我有什么事吗？""我是人民网……"原来当天采访后，谢老让记者用手机打一下他的手机号，看能不能收着，后来谢老忘了这事，看到一个未接来电，以为是文物志愿者打来的求助电话，于是追打了过来……

第五期 舞蹈家刀美兰：
为当今傣族舞太浮躁而担忧

编者按：她从未涉足舞蹈学校专修，却在舞蹈的艺苑中采花酿蜜……记者近日来到刀美兰老师家中，探访这位有着"孔雀公主"之称的著名舞蹈艺术家。刀美兰老师从小与孔雀做伴、与舞蹈结缘，在她年幼尚未能站稳时，就光着小脚丫跟爷爷学跳舞，后来又得到父亲的舞蹈秘传。在谈及如何传承傣族舞蹈时，刀美兰为当今傣族舞太浮躁而担忧，她认为傣族舞蹈的发展不能离开民族的根。

▶ "孔雀公主"封号由来，从小在森林中与孔雀做伴

记者：刀老师，很多人都喜欢叫您"孔雀公主"，能跟大家聊一聊这个名字的由来吗？

刀美兰：孔雀舞蹈大家都非常喜爱，因为孔雀是我们傣族人民吉祥、幸福的象征，从我们傣族人民千年的历史中流传下来。孔雀是很美、很善良的一种动物，被人民封为"金孔雀"或者

"孔雀公主",我感到非常自豪。

封号怎么来的呢?在民间,过去孔雀舞只有男的跳,还戴假面具,漂亮的脸蛋露不出来。后来,到女孩跳的时候,我就把这个假面具移去,我说傣家姑娘那么漂亮,又能代表孔雀,要把脸蛋、眼神露出来给广大人民群众看看,多美啊!因此,我把假面具移去,用我的眼神,一招一式,把傣族舞蹈的精髓提炼出来,"孔雀公主"就是这样来的。

西双版纳是一个植物王国,我从小就和孔雀、鸟等各种动物一起长大,我家背靠深山老林,住在竹楼,晚上在妈妈的被窝里听得见大象、孔雀、候鸟叫声。每年泼水节,家家户户载歌载舞,我就挤到人群中看他们在广场上跳孔雀舞。我爷爷、父亲都是民间舞蹈家,民间孔雀舞给我留下了特别深的印象。

▶ 还没站稳就跟爷爷学跳舞,傣族文化是我艺术的"根"

记者:您刚才提到您的爷爷、父亲都是民间艺术家,能歌善舞,他们给您带来了哪些影响?

刀美兰:从我爷爷、父亲老一辈民间艺术家身上,我学习了如何跳傣家舞。傣族人说:"象脚鼓一响,脚底板就发痒。"刚开始跳孔雀舞的年代,没有什么音乐,伴奏就是象脚鼓,我爷爷从我还没站稳,大概一两岁,光着小脚丫的时候,就拉着我的小手,教我跳舞,"来,跟爷爷跳"。我奶奶说:"你们干什么?这个老头子,你让孙女跳,她还没站稳呢。"我妈说:"让爷爷带她跳吧。"我记得爷爷教的节奏感,他的动作、节奏,柔中带刚,很有意思。我穿着小背心,小筒裙,跳起来小筒裙还掉了,如果留个照片多有意思。

1954年民族工作队到各村寨挑选文艺苗子,组建州文工队,12岁的我被选入文工队。那时,文工队的条件很简陋,训练却一点儿不含糊,拿大顶、压腿、下腰、踢腿、旋转……因为风俗不同,很多家长纷纷把孩子拉回家。一起去的伙伴,最后只剩下我一人。

记者:您的表演打动了海内外千千万万的观众,被誉为"中国第一只金孔雀"。能谈谈您这种独特的艺术风格是怎样形成的吗?

刀美兰:从小奶奶、妈妈就教我,傣家姑娘,坐有坐相,三道弯,裙子要摆好,盘在地上。所以我的一招一式、一个背影、一个角度,全都是傣族风味,就是孔雀风味。民族的根在什么地方?就是民族的传统艺术、传神的东西,我们要在传承的基础上发展、运用、提高。戴着面具,围着火盆,一天到晚跳那几个动作,不可以。我跳的孔雀公主,借鉴了很多优秀的传统。我要感谢我的父辈、我的老师、我们的民族文化——1300年的傣族优秀文化传统。所以,怎么跳好孔雀舞,怎么跳好傣族舞,如果只是为技巧而技巧,为了转圈而转圈,内心都是空虚的,表达不出傣族人民的感情。不管跳哪个民族的舞蹈,你必须要了解它的历史文化、宗教、信仰、风俗,我说这是根,一定要扎根。作为一个人民艺术家、人民的舞蹈工作者,把自己祖国、自己民族的艺术展现出来,这个在我心中是第一位。

记者:据我们了解,您没有进过一天舞蹈学校,之前的孔雀舞是怎么学来的？家乡的山水对您的舞蹈艺术有影响吗？

刀美兰：每逢年节，我们最经常跳的是象脚鼓舞、马鹿舞、大象舞，最热爱的是孔雀舞。原来的孔雀舞动作没有抖肩，我就吸收了蒙古族老师抖肩，变为我自己的。我向京剧表演艺术家关肃霜学习亮相的技巧，我吸收了，在舞台上亮相，就是刀美兰的、就是傣族的。你看我的抖肩是蒙古族的，眼神是印度的，颈部动作是新疆的。我把这些东西糅在自己的舞蹈中，变成一个属于自己的风格。

西双版纳的山山水水，对我影响太大了！它给予我快乐的童年和创作的源泉，我创作和表演的代表作《水》和《金色的孔雀》，就是傣族人民幸福、吉祥、美好的象征。这一切已经成为我生命的一部分，这就是我能跳出"美兰味"孔雀舞的原因。

▶ 为浮躁而担忧：傣族舞的美不在于腿能踢多高

记者：您对当代民族舞蹈艺术创作和表演有什么看法？您觉得应该如何传承傣族舞蹈呢？

刀美兰：现在舞蹈艺术有了巨大的变化与发展，无论是舞蹈内容和技巧都丰富了很多，也涌现了不少优秀人才。各种科技手段也运用在舞蹈中，使得舞蹈本身更加精彩好看。但是，与此同时，也出现了很多令人忧虑的现象。

就拿傣族舞蹈来说，在舞蹈动作上硬加入了很多不伦不类的动作，这是完全没有必要的。因为傣族舞蹈自身就有很多美丽的肢体语言有待发掘，我们都还没有向世人表现完这些秀美的舞蹈语汇，为什么要拿别人的甚至是西方的现代舞硬加进去呢？为了技巧而技巧，看来看去"四不像"。

傣族舞的独特美不是表现在腿能踢多高，能转多少圈，而是一种由内而外的秀美。所以，我们现在的舞蹈编导者在创作民族舞蹈作品时，一定要了解这个民族的历史、风俗及宗教信仰等，绝不能任意地改编臆造，这样发展下去会对下一代产生严重后果。

但是，现在的很多傣族舞中竟然出现了男子把女子举过头顶、骑到脖子上等动作，这完全脱离了一个民族的生活和文化特征。还有，象脚鼓是傣族佛教的神鼓，在过去女子是不能碰的，现在，女子在舞蹈中可以轻轻地敲打它了，这是舞蹈的发展。但是，让女子站在象脚鼓上做动作就不可以，这不仅是对民族历史文化的不尊重，更伤害了民族感情，我们傣族人民接受不了。

中国是多民族大国，如果其艺术作品没有民族属性，而是东拼西凑而来，那我们的子子孙孙将再也看不到真实的民族舞蹈了，也就失去了"根脉"。我认为，一名舞蹈艺术工作者，要有责任心和良心，决不能辜负党和人民对我们的希望，我们的作品要更加贴近人民、贴近群众、贴近生活，这是舞蹈艺术的"根"。要懂得，得到人民群众肯定的舞蹈作品，才是真正的精品。

记者：有媒体报道，您特别会养生，用家乡的蜂蜜加普洱茶，除此之外还有其他的什么养生秘笈吗？

刀美兰：每周用特制发酸的淘米水洗发，并用两个新鲜青柠檬去除味道，这么多年坚持不懈，所以头发乌黑。我小时候把蜂蜜放在茶水里面抹，拿来洗脸，洗完之后黏糊糊的，皮肤就光滑了。一方水土养一方人，你们要到我们家乡，头发肯定很美。

守护傣族舞蹈的"金孔雀"

"在当今浮躁的社会风气下,作为老一辈艺术家,我们有责任传承中华民族的优秀文脉,我也有很多想说的。"出乎意料地,我们接到了舞蹈家刀美兰打来的电话,她约我们去她家里做客,聊一聊她的从艺感悟。

2013年8月27日下午,我们如约而至。听到我们在楼下按门铃后,刀美兰的先生王施晔已来到电梯口迎接我们。推门而至,我们见到了年近七十依然苗条美丽的美兰老师。采访中,美兰老师端坐在沙发上,腰身纤细挺直,笑容灿烂迷人,风趣开朗地讲故事,声音略略沙哑却亲切自然。

美兰老师很热情,拿出她从泰国带回来的糖果给我们品尝,看我们不吃,怕同来采访的小姑娘担心发胖,说:"这个不甜,我都能吃,尝一颗吧。"又给我们沏茶,"这是云南西双版纳特有的大叶茶,欢迎你们去我西双版纳的家中做客"。

"没做成缅甸的王妃,却嫁给了这个'王'。"(15岁的刀美兰曾陪同周总理到缅甸表演,精彩的表演使当时的缅甸王子一见钟情,以至于后来王子要"抢亲"。)美兰老师一脸甜蜜地看着丈夫,"现在,他是我的司机、翻译,没有他的帮助,就没有我今天的成就。"王老师赶忙摆摆手,谦虚地笑了笑。原来在全国第一届少数民族音乐舞蹈调演中,刀美兰所在的云南歌舞团特地从省军区歌舞团请老师辅导《召树屯与楠木诺娜》的排练,辅导小乐团的正是王施晔。那时的他,一身草绿色的军装,黑皮靴,英俊潇洒,意气风发,被同事称作"召树屯王子",于是两人因舞蹈结缘走到了一起。

"保护民族的根很重要!民族文化的根在什么地方——传神!"美兰老师说她要用自己的余生,把优秀传统文化传承下去。"我的孔雀舞,不是简单地转圈,吸收了莫德格玛的'抖肩'动作,借鉴了京剧的水袖功,学习了新疆舞'动脖子'的技巧,除此之外,还要懂得民族的文化、历史。"

谈到文艺圈里的一些现象,刀美兰十分感慨:"现在的一些舞蹈改成了'四不像',有的人只要挣到钱,把别人的垃圾捡过来,我们自己民族的文化其实已经很优秀了,应该好好挖掘,好好传承。"

美兰老师告诉我们,她这辈子最珍惜最看重的荣誉就是人民网颁给她的"人民喜爱的艺术家"称号。"这是对我最高的评价!"采访最后,刀美兰感慨,"我要为人民、特别是我的家乡傣族人民,做更多的事,为中华民族优秀文化传承做更多的事……"

第六期　中国影协主席李雪健：
"感恩"两个字在我心里很重

> 编者按：提起李雪健，人们首先想到的，是他塑造的一个个深入人心的形象：党的好干部焦裕禄、优秀共产党员杨善洲、《渴望》中的好人宋大成、《水浒传》中的宋江，等等。继而，或许会想到他曾以惊人毅力与病魔抗争的感人经历。2013年12月1日，他当选为中国电影家协会主席。20天后，我们来到"电影人之家"——中国影协，对话这位新当选的影协当家人。

▶ 当选影协主席："我知道大伙儿为什么选我"

记者：李老师，您当上电影家协会主席之后，首先想要开展的工作是什么？

李雪健：我真不会当。但是我心里知道大伙儿选我，我得听大伙儿的，大伙儿让我怎么说、怎么干，我就怎么说、怎么干。

首先得适应一下，有一个适应过程。我觉得还像以前那样我舒坦，后头当了主席，叫我"主席"，我不习惯。

你问我最想要开展的工作，就是我要好好地理解电影之家这个"家"、熟悉这个"家"的内容，才能够把自己融入这个家庭中来。第一步得先去适应这个活儿，如果对这个"家"一点儿都不了解、不熟悉，怎么能够当这个家里的成员？我最先要做的，是真正地把自己融入这个"家"里来。

记者：以前大家叫您什么？

李雪健：岁数小点儿的叫我"李老师"，年龄差不多的叫"雪健"。我觉得，我能力还是有限。演，我可能会演一个很好、很生动的人物，但要真正地当（主席），那是两回事。演是编剧写的词，你通过你的理解、你的生活，照着导演的意思去做。但真正当（主席），并不是说你想当好就能当好。

记者：今年中国电影票房已经突破200亿，中国电影由"大国"转向"强国"，中国影协应该发挥怎样的作用呢？

李雪健："电影是一个民族的面孔。"怎么去做好这个"面孔"？有五条。第一条是以人民为中心引领创作导向；第二条，以"中国梦"为重要的主题；第三条，创作创新，创作上的创新，对一个电影人而言，是很好的课题；第四条，推动走向世界；第五条，社会责任。

记者：从演员到影协主席，相互转换之间有相同的地方，有不同的地方。相同的地方是都需要有台本。演员台本是导演的要求，影协的台本是中央的要求、人民的要求。您是怎样转换这个角色呢？

李雪健：会刚开完，我还没想明白怎么转换。主席怎么当，我还没想好。但是，尽力不要辜负组织和大伙儿对我的期望，这是我要努力的，至于能做到什么份儿上，我不知道。但是，我知道大伙儿为什么选我，所以，我就知道我还要做大伙儿选的那个我。

记者：您觉得大伙儿为什么选你？

李雪健：我不太会说。这几十年来，我一直追求的都是通过舞台上的人物形象和观众交朋友。"认认真真做事，清清白白做人。"这是前辈留下来的话，我照着前辈说的去做。在创作上，角色无大小，没有小角色，只有小演员，不管是主角、配角，不管是正角、反角，都要敬业。在一次创作会上，让我发言，作为一个演员，我说要珍惜"演员"这两个字。演员，是国家、党和人民给予的光荣职业，我们要珍惜这个荣誉，尊重这份职业。

▶ 演焦裕禄："带着幸福和尊严演父辈"

记者：刚才您说到"演员这个职业"，其实从您第一部电影《天山行》开始已经有30多年了，回过头来看，您怎样看待演员这份职业？

李雪健：演员这个职业是千千万万职业的一部分，这个职业最大的特点就是你这辈子演了多少个角色，你就会像那些角色一样活了一把。这个"活"很重要，只有深刻理解了，才能够"活"得起来，你"活"了，才能够有力量，观众才会喜欢。这个"活"，也不是你一个人的力量，影视、舞台这些都是集体的创作。

记者：您最近当了舞台剧《焦裕禄》的艺术监制，您饰演的焦裕禄这个形象深入人心，这个角色给您带来了哪些影响？

李雪健：我没有这个本事，艺术总监是那些朋友对我的信任，但我会做焦裕禄的忠实粉丝，我愿意做这个作品的啦啦队。焦书记去世时我们还是孩子，是学生。我们不叫他焦书记，他比我父亲大一点儿，我们都叫他焦伯伯。他是我们这代人一个父辈的代表。当时找我来演焦裕禄，问我怎么样，我说我演自己的父亲能演到什么程度，我说不好，但是我会尽全力，因为不生疏，熟得很。

他们不容易，咱们这个国家在新中国成立前已经被糟蹋得不像样子了，新中国成立后，特别是改革开放这些年，咱们国家能到这份儿上真不容易。所以，面对给我们带来幸福的这些父辈、给我们带来尊严的这些父辈，我们去演他们，不玩命真是说不过去。

记者：您塑造的焦裕禄、杨善洲都是父辈的代表。塑造这类角色，会不会担心自己的角色会有定型？

李雪健：我这个人实在，知道自己几斤几两，这个实在也来自我的能力有限，我没那个胆去想演什么，就演什么，我的路子就是踏踏实实的，不搞虚的。我选择了性格演员这条路，性格演员要尽量选择不同性格不同职业的人物，角色和角色之间尽量距离拉得大一点儿。

▶ "感恩"两个字在我心里很重，一步一个脚印走下去

主持人：还有没有心里希望演的角色？

李雪健：还真没有，走一步是一步，每一步都踏踏实实走。现在这个年龄，不愁没戏，要选择更适合我的。不像年轻时候，只要有戏就接，更多的是挖掘自己。到了中年，更多的想要人物深刻。到了现在这个年纪，创作一个人物想要能更长久些，能多留些年头，再过十年或者几十年，大伙儿提起来还能再拿出来看一看。我现在追求这个。

主持人：刚才您说到演员的派别，您觉得自己属于什么派？

李雪健：我刚才说了，想当性格演员。因为我适合走这样的路，性格这条路我适合。我们演戏是演给观众看的，需要观众来评，你说得天花乱坠，最后大伙儿看完了，评价却不好；或者你很谦虚，最后大伙儿认为不错嘛，他还装。我不喜欢这样，我还是喜欢演一个戏，让大家来评。

记者：您经历了人生的风风雨雨，在您最难的时候，生病的那些年，支撑您的信仰是什么？

李雪健：这个话题要说起来长，还是挺有故事的。在我心里，有两个字很重，"感恩"。无论在职业上，还是生活中，做戏做人，"感恩"这两个字对我的人生影响很大。

记者：您甚至感谢那一段与病魔做斗争的经历。

李雪健：感谢这个时代，感谢这个社会，感谢各行各业的朋友，包括没见过面的观众。我不会说粉丝，和观众是属于神交的朋友。也感谢医院、医生、组织，当然也离不开我的家。

记者：其实我们最应该感谢的是您，生病后还带给我们这么好的角色。

李雪健：这也是大伙儿给予我的。我自己开玩笑，得病后慢慢懂得了珍惜，更加理解了这两个字，现在更重要的是要落实在行为上，光说不行。

▶ 教育子女：自己的路自己去闯

记者：最近您儿子也在导演电影，网上也有一些他的照片，特别帅气的小伙子，他学影视是不是受了您的影响？

李雪健：我希望孩子自己的路自己去闯，哪怕现在遇到点儿灾难、过不去的坎儿，我想，再过些年，他们自己走过来，回头再想那些坎儿，都会是财富。特别是做艺术，讲究生活积累，多点儿经历曲折，可能就会多一点儿灵感、多一分理解。但如果他开口，需要家人帮助，我们也会有分寸地对孩子给予支援。

记者：您对儿子有哪些希望？

李雪健：我生病的时候，家里承担了很大的压力。那时候孩子小，又不能告诉他，也不愿意告诉他，但是他隐隐约约能感受到，因为说什么事都背着他。孩子给我写过一封信，他属兔，就给我一个挂在胸前的小兔，他说他不知道我怎么了，但是从家里大人的表现，觉得事儿不好，信里写道："我上学不能陪在你身边，不能像我发烧的时候你陪在我身边那样陪着你，因为你拍戏和我上学这儿距离很远，我把我这个小兔送给你，你挂在胸前，你就能感受到我时时刻刻都陪着你，祝福你"。

有好多年，他和姥姥两个人相依为命，姥姥那时候七十多岁，他十来岁，正好赶上考中学，他妈妈担心他，又顾不了他，当时还准备了几万块钱，说如果孩子考不上中学，咱是不是也想办法帮帮他？他没让我们帮，自个儿考上了。这个钱我们留下治病了。考大学也是他自己考的。只要他不开口，我们就不伸手。能走成什么样子，每个人的条件、能力有限，自己走，只要能走出条路，就是好样的。自己走多远、走成什么样子，那是次要的。

 记者印象

"观众的喜欢,是最大的福分"

2013年12月23日下午两点,中国影协会议室。我们特意比约定的采访时间早到了半个小时,没想到,雪健老师比我们到得更早。自报家门后,雪健老师忙站起身跟我们握手。

头戴一顶黑色小毡帽,宽松的黑毛衣里配着一件黑白格的灯芯绒衬衣,让雪健老师看起来格外年轻时尚。

"这个放这儿,行吗?"采访前,雪健老师热情地帮我们布置拍摄现场,没有一点儿架子。因为在他眼里,演员只是千万个职业中的一种。

朴实、谦虚、诚恳,是我们采访雪健老师最大的感受。回答问题时,雪健老师总说自己不善言辞,不太会表达。"我习惯于用我演的角色和大家交流。"但他说的每句话都很实在,令我们感动。

"您觉得大伙为什么选您当影协主席?"

"我知道大伙为什么选我,"雪健老师笑着点点头,"我心里明白,但我不知道该怎么说,我还要做大伙选中的那个'我'。"

思索片刻，雪健老师说了12个字——"认认真真做事，清清白白做人。"

责任、感恩、珍惜，是雪健老师采访中提得最多的词。"观众找你签名，和你合影，那是看得起你，我生病的时候，有多少未见过面、'神交'的观众在默默祝福我，这是多大的福分啊！"

采访雪健老师，不能不提那个再熟悉不过的人物——焦裕禄，雪健老师说，这是一种情结——焦裕禄是父辈的代表，要带着幸福和尊严去演这些父辈，"焦书记去世的时候，我还是个孩子，我们小时候都叫焦伯伯，你不玩命演，说不过去"！

采访结束后，我们需要给主持人补几个镜头，雪健老师在一旁给我们当起了"导演助理"，给我们喊"预备，开始"，当主持人再次说到我们的栏目名——"做客名人之家"时，雪健老师突然打断我们，主动提出要"加戏"——我还能回答一个问题吗："'做客名人之家'，今天选在这儿采访太有意义了，这个'家'（中国影协）很有意义，我要把自己融入这个家庭中来，好好地把咱们'电影之家'建设好！"

采访结束，我握着雪健老师的手，用那句《渴望》中熟悉的主题曲表达自己的祝福：愿您好人一生平安！雪健老师感慨：观众的喜欢，是多大的福分！观众的微笑是我最好的药！你们的采访和别人不一样，下次咱们接着聊，谢谢你们！

第七期　中国曲协主席姜昆：
向低俗相声说不

编者按：在中国曲协第七次全国代表大会上，著名相声表演艺术家姜昆正式当选为中国曲艺家协会主席。"我没有想到大家把我推到这个位置上，心存感激。"他上任后的首次讲话指出，相声是一个时代的印记，它通过对现实的讥讽笑骂来逗乐观众，但是如今相声的这种讽刺功能正渐渐被弱化。传统相声要改革创新，做到既"接地气"又不低俗。

▶ 人品决定艺品，要看我演出就上第一线

记者：姜昆老师您好，2012年11月29日，您当选中国曲艺家协会新一届主席，上任后您打算做的第一件事情是什么？

姜昆：今天我想通过你们的采访跟网友交换一下思想。我在中国曲艺家协会主持工作的时候，曾用四个字形容曲艺现状："岌岌可危。"这几年随着艺术繁荣发展，曲艺生存状态好多了，这时候我们需要什么？马季老师去世六周年时，我给我们曲艺工作者说过一段话：虽然马季老师已经走了六年，但是我们还经常听到他的相声，他给老百姓留下了欢乐，但是给曲艺人留下了什么？我认为，他给我们留下了操守。

近年来培养的曲艺新人正在逐渐占领各大舞台，他们通过参加电视台演出、真人秀节目等为百姓带来欢乐。时代需要曲艺演员为百姓活跃生活，增添欢笑，但更重要的是要让他们清楚，作为社会主义文艺工作者，应该有什么样的人品、作品和社会形象。人品决定艺品，艺品反映人品，艺术家有了美好的德行才能创造出优秀的作品。

记者：作为一名大家喜爱的相声演员，在演员和协会之间，您是如何转变的？

姜昆：我现在更多的是从事组织工作，我当了十年广播艺术团团长，在中国艺术研究院曲艺研究所做了三年所长，又当了六年曲协党组书记。现在大家又重新把我选到主席这个位置，我真是心存感激。

感激用什么来表达？只能靠我自己努力的工作。我现在大部分时间，都是跟文艺志愿者服务团到基层去演出。前天我刚从深圳移民文化曲艺大奖颁奖晚会上回来，明天我们就要赶到丹江口，去慰问水利战线上艰苦作业的工人同志们。过两天我们还要到卫星发射基地送上我们的演出，这些都是我现在的任务。有时候大家说："姜昆，我怎么看不见你演出呢？"我说："你不上第一线，你上第一线就看得见我演出了。"

▶ 德艺双馨应是曲艺人的最高追求

记者：您怎样看待曲艺界现状？曲协如何更好发挥作用，您有何构想？

姜昆：现在是相声的好时代。如今活跃在相声舞台上的新秀，几乎都是从小剧场相声中成长起来的。小剧场另辟蹊径地完成了相声人才传承的"接棒"，如最早的北京相声俱乐部。但是，我个人感觉，要想从小众追捧走向大众视野，就得面临净化自身的问题。那些在小剧场为博效果打擦边球的玩笑就不能再用，你必须打磨你的作品，做到这，才算是完成了质变。真正的曲艺文化，追求的应该是雅俗共赏的高端文化。市井世俗的有，大众娱乐的也有，最后要走到这个高端文化上，它有一步一步升级的问题。我们逐步往上走，而绝不应该从上面砍下来，弄到塔座上去。

记者：作为德艺双馨的艺术家，您认为文艺工作者如何释放正能量？

姜昆：我坚决反对那些认为"相声就是哈哈一乐，不是为了教育人"的说法。不能用感官刺激来代替精神快乐，不能让低俗代替通俗，不能做市场的奴隶。我们要用文化自信、文化自觉，来完成我们的历史担当。

老话说得好，说书唱戏劝人方。这就要求我们文艺工作者要明白在社会上承担怎样的责任，首先要从自身摒弃低俗庸俗媚俗的行为，拥有过硬的专业和伟大的人格，这样才能受到老百姓的喜爱。

记者：说到传统文化教育，您曾经建议，在基础教育阶段开设传统文化课程。您认为传统文化课程如何发挥它的积极作用？

姜昆：我前些天参加了中国优秀传统国学教育素材走进香港中、小学课堂的活动，这是一个很大的成功，为什么这样说呢？这说明了香港同胞对祖国优秀传统文化的认同。我是"十二五"课题专家组成员之一，连续两年在全国政协提出，希望传统文化教育走进国学课堂，不管是作为正式学科教育，还是课外读物，这方面的内容都不应该缺失。

我也带领着中国曲艺家们，写了一本《中国曲艺曲种》，专门讲述相声是怎么回事、双簧怎么来的、山东快书是从哪来的、少数民族的格萨尔王是怎么来的、我们的评弹是怎么唱的……通过这本书，大家对中国曲艺的种类会有最基本的了解，得到最浅显的知识教育。

我父亲是学文学史的。我忘不了小时候，他经常教我背些唐诗宋词，甚至元曲。那时候我不理解，简直像念经一样。但是，今天回过头来发现，这些用文化打下的根基，对我的事业太重要了。所以，我特别希望现在的学生把自己的时间好好安排，手机、IPAD、电视是你生活的一部分，但别忘了，你还应该有别的部分，不能把它变为全部。

记者：您在舞台上风趣幽默，在台下文采斐然，您之前还出版过自己写的书，您跟大家分享一下，对您产生最大影响的一本书是什么？

姜昆：我们这代人，尤其是50年后出生的人，有一份骄傲，因为我们读的书比年轻人多，多数名著基本都浏览过。像巴尔扎克、契诃夫、托尔斯泰，还包括马雅科夫斯基的诗歌、泰戈尔的作品等。

如果要我说看得最多的话，还是保尔·柯察金的《钢铁是怎样炼成的》。可以说影响了一代人甚至几代人，在我们世界观形成的时候，保尔的那种坚韧不拔、奋斗的精神，把全身心投入忠诚事业中的精神，影响着我的过去和现在，也会影响我的将来。

▶ 回首2013：走南闯北累并快乐

记者：岁末年终之时，如果用一个字或一个词总结您的2013，您会用哪个词？

姜昆：我就一个"乐"字。这一年，所有人看到我的时候都觉得我很"累"，说你的眼睛有点儿发红，睡眠不足，国内国外四处跑，你累不累呀？我说"乐"。如果没有一种欢乐的心境对待这一切，根本经不起这么繁忙的体力劳动和奔波劳碌，基本上是饥饱劳碌、走南闯北，但是我自己感觉很快乐。我今年63周岁，但是他们说看着我的精神劲儿，还能干个十年，我说应该没问题。

记者：姜昆老师，也借您刚才的"乐"字，祝您新年快乐，身体健康，工作顺利！

姜昆：谢谢。

 记者印象

"50后"姜昆的骄傲：读的书比年轻人多

姜昆老师真是个大忙人。2013年12月初，在文联活动上我们跟他预约采访。"明天我要跟着文联去南水北调施工现场慰问建设者，下周要去西昌送欢乐下基层……"他查了一下手机里的日历，这一"排号"就排到了月底。

其实，与姜昆老师相识已有七八年了，年逾六旬的他仍给人以风华正茂的印象，他也一直以创新的思维和意识，站在潮流之上，推动着相声的传承和发展。

"黄维，你有微信吗？记下我的微信号，咱们微信联系！"想不到姜昆老师还挺时尚，十分钟后，就收到了他发来的详细地址和行车路线。

采访地点特意选在了中国文学艺术基金会。两年前，姜昆从曲协分党组书记卸任后，来到文学艺术基金会工作，把精力放在关注资助新人新作上。

访谈前，聊起文基会的工作，姜昆调侃：一无权，二无钱，全靠一张嘴巴甜。对于当选曲协主席，姜昆十分感慨：在曲协当

了六年分党组书记，多少会得罪人、招点儿怨，没想到大家伙还选我，很感动！

姜昆老师重情义，特别是对他的恩师马季。2006年，马季先生追思会上，姜昆老师红着眼圈接受采访，念念不忘恩师教诲，一年后，他特意来到人民网与网友们一道缅怀恩师。

很多老朋友问姜昆，为什么电视上看不到你演出了？他笑着说："要看我，就到第一线（送欢乐下基层）去。"接受完我们的采访，第二天他又将奔赴丹江口慰问库区人民。

姜昆还有着深厚的文化底蕴。近年"两会"上，他多次提出要在基础教育阶段设立传统文化课程。他曾说的一段话让我至今难忘："让孩子们学习中国的传统文化吧！因为那里面有'天下为公'的理念，'位卑未敢忘忧国'的精神，'先天下之忧而忧，后天下之乐而乐'的胸怀，'宁为玉碎，不为瓦全'的风骨，'富贵不能淫，贫贱不能移，威武不能屈'的操守，目前我们的社会，太缺乏这类精神操守了！"

很多人也许不知道，姜昆出身书香门第。父亲学文学史，从小就要求他背唐诗、宋词、元曲。"小时候不理解，现在觉得这些文化根基太重要了。""和年轻人相比，我唯一骄傲的是读的书多！托尔斯泰、泰戈尔、巴尔扎克的名著我都读过！"闲时，姜昆喜欢写书法，抄打油诗。"今天一大早起来，我还写了好几幅字，都是别人提前'预约'的。"

访谈最后，我们请他用一个字来总结2013这一年。

"乐！"

"欢乐的心境！"姜昆老师说，"今年我63了，朋友见着我笑说，你至少还能再干10年！"

第八期 故宫博物院院长单霁翔：
要把故宫完整地交给下一个600年

编者按："故宫在朝阳升起、夕阳西下、月亮升空的时候，都有一种它自身的美，一种宁静，一种文化魅力。到2020年，故宫刚好600岁，我希望把一个壮美的紫禁城完整地交给下一个600年。"2013年岁末，怀着崇敬与好奇之心，记者走进故宫博物院，与院长单霁翔探讨故宫如何"让传统文化活起来"，感受故宫人和故宫文化的魅力。

▶ 实现两项重大文化工程，为600岁紫禁城庆生

记者：最近，习近平总书记在论述文化建设时提到，要系统梳理传统文化资源，让收藏在禁宫里面的文物、陈列在广阔土地上的遗产、书写在古籍里的文字都活起来。您也说到要以更加开放的姿态面向观众。对于让传统文化活起来，故宫如何考虑和规划呢？

单霁翔：我们国家的文化复兴，是我们中国人的文化梦，也是"中国梦"的重要组成部分，故宫应该在这方面做出自己独特的贡献。故宫拥有非常重要的文化资源，有三项是世界级的文化资源：一是古建筑群。9000多间古建筑构成的壮美的紫禁城，是世界上最大的木结构的古建筑群，也是世界上最大的宫殿建筑群。第二，故宫博物院是世界上收藏中国文物最多的一座博物馆，现有藏品1807558件套，最重要的还不是数量，而是质量。故宫博物院保管168万件珍贵文物，占全国的41.98%。第三，故宫博物院是世界上观众最多的一座博物馆，具有强大的传播功能。

2020年紫禁城就要迎来600岁的生日。届时，故宫博物院两项史无前例的重要文化遗产保护工程——"故宫古建筑整体修缮保护"工程和"平安故宫"工程都将在这一年完成。同时，故宫博物院将全面提升管理和服务水平，迈进世界一流博物馆行列。"把壮美的紫禁城完整地交给下一个600年"，确实是我说得最多的一句话，也是每一个故宫人的梦想。

记者：您刚才提到"开放"是让传统文化活起来的一部分，还有一部分是关于文化创意产品的开发和推广，台北故宫这方面做得很好。北京故宫在这方面遇到的难点是什么？又将如何突破瓶颈？

单霁翔：文创产品的研发和营销，不是简单的商业行为，而是一种文化传播。对于博物馆来说，它考虑的应该是如何使观众把更多的博物馆文化带回家。所以文创产品要有自己的特色，故宫已经研发近6000种文创产品，但目前的难点是要使数量的增长变为质量的提升，而质量提升的难点是怎样使古老的传统文化和现代文化结合起来。其次，怎么使故宫的明、清宫廷文化和人们现代生活结合起来，让人们在现代生活中感受到历史、故宫文化，需要我们的智慧。

你提到台北故宫博物院，总的来说，两家博物院的文化产品是互补的。北京故宫的文化产品历史性、知识性强，而台北故宫博物院的趣味性和实用性强，我们要向他们学习这方面的经验，让我们设计的文创产品趣味性更强，使人们喜欢它、亲近它。

▶ 最欣慰的一件事：让观众有尊严地参观紫禁城

记者：即将过去的2013年，您认为最幸福的一件事是什么？有没有留下什么遗憾？

单霁翔：最欣慰的就是对端门、午门广场的整治。过去观众进故宫买票要排队1个多小时，买完票后还要验票、存包、安检，往往需要1–2个小时才能进入故宫。现在经过整治后，广场上一字拉开30多个售票窗口，90%的观众一年四季都能在5分钟之内买上票。即使在暑期，观众也可以很快进入紫禁城。这时候人们脚步是轻松的，脸上洋溢着一种旅游应该有的享受的笑容。我觉得这是我最欣慰的一件事情。

最遗憾的事情就是观众进入故宫博物院以后，目不斜视地往前走，不往两侧走。其实我们在两侧办了很多展览。今年五一前，我们对整个故宫博物院的标识进行了系统整理，希望更多观众感到他们来到的是一座博大精深的博物馆，不仅仅是一个旅游景点。

记者：把更多故宫的故事带给观众。

单霁翔：当然，我们还有另一种开放，除了扩大开放区域，再有就是通过微信、网站进行开发。今年我们还加强对青少年的网站建设。我们每年的点击率都超过100万，是世界上最强大的博物馆网站之一，但还不能满足于此，还需要继续加强。现在人人都有手机，手机的传播功能非常强大，所以今年我们推行微信，故宫的微信公众号，已经有很多粉丝了，数以百万计的人们在关注。我想，这对故宫文化的传播，也非常重要。

▶ 故宫掌门人的除夕：和员工一起吃饺子过年

记者：快到春节了，您在故宫里怎样度过岁末年关呢？

单霁翔：我们会和员工一起度过，因为故宫是一个开放单位，越到节假日，观众就越多，一线员工每到节假日就会更加精神抖擞地工作。所以，我会和他们一起送走一批观众，再迎接一批新的观众。

记者：大年三十晚上，您也会在那里吗？

单霁翔：大年除夕有一次夜查，之后我们和值夜班的一起吃盘饺子过个年，因为他们值班也很辛苦。再有就是新年的前一天夜里，12月31号，我们有一次清场，一百多人拉网式地按程序清场，一道一道的院门、宫门都关齐了，我们做一下点评，慰问大家辛苦了，这一年就结束了。第二天，1月1号开馆前，一定是院领导站在门口迎接第一批观众，我们每年都这样。已经三年了，这是一种责任感。

记者：这是春节第二天的传统吗？

单霁翔：不是一天，是每天。我们节假日，比如五一、十一，员工节假日最忙的时候，我们领导都会来。去年十一是八天，我们就没有离开故宫，只要节假日，就一直在故宫待着，在家里也不踏实。

记者：责任心太强了。

单霁翔：我们免费逛故宫。

▶ 爱"微服"巡访：静静守护故宫的幸福

记者：我们知道，您经常在故宫里巡访，了解各区域工作进展情况，甚至"微服"走在如织的游客中，了解观众参观状态。您喜欢什么样的路线呢？比如在大年三十关门那一刻开始，会从哪个门走到哪个门？

单霁翔：五点半关门前会进行清理工作，观众最后撤出的时候，所有工作人员也一起撤出。100多名值班人员进行清场，按固定路线，到一些节点还会有结束器，表明这个地方已经清理了。一道道院门、宫门关掉以后，最后清理到神武门，整个红墙内就封闭起来了，没有人了，所有的摄像头都会全部启动监控。这时候，我们会巡视四周，包括城墙上面都会巡视。因为紫禁城里面三分之二用地是红墙，红墙外还有很广阔的地方。

记者：您刚才说，很多观众进故宫后走直线参观，不看旁边的馆。您自己比较爱去，或者您特别向往的一些角落是哪些？

单霁翔：我现在经常去的是正在实施平安故宫工程的工地，比如南库地区、熙和院地区、中控室，这些正在施工的区域，看看他们的进度，和在实施过程中有什么问题，还有我们的库房，当然这些是观众不去的地方。

记者：我听故宫的人说，"朝阳升起、夕阳西下，静静守护故宫的美"。您在逛或者看这座城的时候，您心里是怎样一种感受呢？

单霁翔：每当朝霞满天，或是夕阳西下的时候，站在午门城楼下，望着修复好的雁翅楼，那种无言之美和独特的韵味真是让人看不够。可以说，我们故宫人有一种静静守护故宫的幸福。

记者：单院长，在过去的一年，"平安故宫"取得最大的进展是什么？

单霁翔："平安故宫"2012年4月得到国务院批准，实施平安故宫工程，其实是着眼于目前存在的一些问题，比如防火问题，这是最关键的；还有防盗、防雷、防地震、防文物的腐蚀，最后是观众的安全问题，不要发生踩踏事件。

平安故宫工程，是一个全面系统的工程。我们制订了整体规划，一件一件落实。今年应该说是平安故宫起步的一年，虽然还没有整体效果呈现，但有些已经初见成效。比如建成了安防的中控室，它是安防的指挥系统；整个摄像系统，和全覆盖的安防检测系统都已经基本实现。今年，我们在这基础上进一步加密摄像头，推进防火、防雷、防地震等设施。

▶ 故宫情结：挑战与幸福并存的工作岗位

记者：您之前对故宫就有感情，来之后对故宫感情越来越深了。

单霁翔：我教过中国建筑史，故宫作为世界上规模最大的古代宫殿建筑群，是我关注的课题。1989年，我儿子5岁。那会儿我爱人在外国上学，平时由岳父母照看小孩，一到星期天，孩子归我管。他问上哪儿啊，我说带你玩去，看皇帝住的地方，就把他带到故宫。第二个星期天，又带他去。等到第三个星期天，他已经不怎么乐意来了。一连5个星期天，我都是一边带孩子一边工作，把故宫的很多细节都拍了，仔细研究。现在存了很多那时候的幻灯片，对故宫还是挺有感情的。

记者：说到故宫情结，您的故宫情结是怎样的呢？

单霁翔：我的故宫情结其实来自两方面，我大学学的建筑学，后来一直在建筑部门、文物部门之间多次调动工作，后来当了一名文物工作者，做过北京文物局局长，文物工作是我终身的一个职业。我最后到了故宫博物院工作,故宫恰恰是世界最大规模的古建筑群,是建筑专业研究的对象。而且它还是世界文化遗产,是世界上保留中国文物最多、最集中的一个博物馆。我特别希望能把学到的建筑知识、文物保护知识相融合,为故宫发展尽微薄之力。一个人一生肯定会有多次工作调整,每到一个工作岗位,都是自己所喜爱的,我觉得这是让人非常幸福的,故宫就是这样一个岗位。

记者:在您看来,故宫是一个将您的学识和爱好结合得很完美的岗位?

单霁翔:应该是一个对自己来说非常具有挑战、也非常幸福的工作岗位。

记者:具有挑战性,但觉得守护它很幸福?

单霁翔:是的。我们希望故宫永远平安,特别希望在故宫整体修缮工作和平安故宫工程结束的时候,能够把一个壮美的紫禁城完整地交给下一个600年。

▶ 50岁时读博士,每天要读书两三个小时

记者:您拥有学者和官员的双重身份,您的时间会怎样分配呢?您在故宫事务这么忙,平常哪有时间抽出来看书和做学问呢?

单霁翔:因为调到故宫这样一个大的知识熔炉里,我觉得自

己的学识、经验，和故宫很多专家学者没法比，所以学习压力很大，工作也很繁杂。每天晚上回家，打开台灯，把茶沏上就开始看书。那个时候，我觉得是一天最清静的时光，也比较珍惜。

我在家里不大写东西，主要是看书，写东西一般在路上，比如每天上下班路上，因为周围的风景都看过几十遍、几百遍了，没有必要看；还有在出差途中，一般就把看书体会、工作体会写下来。日积月累，也写了不少，有的出版了，让大家评论，或者共享，我觉得这也是挺好的一件事情。

记者：您除了看一些文物类的书，平常还喜欢读哪些方面的书？

单霁翔：除了文物类的和建筑类的专业书，平常看历史性的书籍和文化评论的书籍比较多。

记者：您50岁时去清华读博士，当时出于怎样的考虑？下一步还有怎样的学习计划呢？

单霁翔：其实更早一点儿的时候，吴良镛教授就希望我读博士，但当时在北京市规划委员会当主任的时候，每天都要晚上十点、十一点下班，没有学习的条件。后来到了国家文物局工作，每天六七点大楼里就没人了，开始有时间了，就赶紧报名考试，读了四年半。后来，我确实还挺受鼓舞的，得了清华大学的优秀论文奖。从毕业那一天起，我就改变了我的习惯，我觉得每天不读两三个小时书、不写一些东西，就觉得好像有事情没做，有任务没完成。我每年写一本书，现在慢慢积累下来，写的速度也加快了，算是和大家的一种分享交流吧。

▶ **卸任后当志愿者，把壮美的紫禁城完整地交给下一个 600 年**

记者：2020 年是故宫 600 年大庆。在您心目中，将展示给观众一个怎样的故宫？可否用几个词来描述？

单霁翔：我们提出要把一个壮美的紫禁城完整地交给下一个 600 年。到 2020 年，即紫禁城建成 600 周年之际，故宫博物院将跻身世界一流博物馆，成为毫不逊色于英国大英博物馆、法国卢浮宫博物馆、俄罗斯艾尔米塔什博物馆、纽约大都会博物馆的世界五大博物馆之一。

故宫博物院定位于世界一流博物馆，要有四个方面的追求：第一，要有一个与时俱进的、科学的发展理念，就是要不断追踪世界前沿，确定发展目标；第二，我们要有一代代杰出的人才，今天我们面临一个新老交替时期，新员工学历很高，但他们离故宫学者还有很长的距离，所以我们要加大培训；第三，我们要有高新技术的支撑，世界上最好的博物馆相关的科学技术要在故宫博物院得到采用；第四，有强大的传播平台的支撑，一个博物馆，应该把自己博物馆的文化，像人民日报这样广泛传播出去，它才有文化力量。所以，这四方面是我们新的追求，概括为与时俱进的发展理念、不断辈出的人才、高科技的技术支撑、强大的传播平台。这是除了壮美的紫禁城形象以外，我们七年中追求的目标。这是我第一次讲我内心的想法。

记者：相信在您的带领下，我们一定会看到一个壮美的紫禁城。但是，事业是没有止境的，您却有卸任的那一天，到那一天您会去哪儿？

单霁翔：我会当一个志愿者，我们故宫人不会离开故宫博物院的。比如郑欣淼院长，不当故宫博物院院长，现在是故宫研究院的院长。我们故宫人应该为故宫终身奋斗。所以到我退下来的那一天，我会精神抖擞地到展厅当一名志愿者。

记者：做一名义务的讲解志愿者。
单霁翔：是的，地点我都选好了。

记者：在哪里？
单霁翔：在端门的数字博物馆。在数字沙盘展示区前，当人们点击到一个地方，我就会介绍这个地方它的历史、它的今天、它的未来。

记者：为什么选择那个地方呢？
单霁翔：因为那个地方是人们进入故宫博物院的第一站。

记者：要把最好的东西留给第一站。
单霁翔：让他们进去的时候更加心中有数地、有目的地参观。

记者：谢谢单院长，我们和您一起期待600年壮美的紫禁城。

 记者印象

故宫"看门人"的幸福和梦想

"当朝霞满天的时候,当夕阳西下的时候,当月亮升起的时候,故宫都有种无言的美和它独特的韵味。对着故宫,我们故宫人有一种静静守护着的幸福。再过7年,故宫迎来600岁生日,到那时,我们要把完整的故宫交给下一个600年!"采访前,单霁翔一边放映着PPT,一边向我们描述着心中的"故宫梦"。

为了给我们展现一个更形象更生动的故宫,今年迎来本命年——60大寿的单霁翔"突发奇想",连夜做了一个122页的PPT——《展望2020:故宫博物院的光荣与梦想》。

从1925年算起,单霁翔是故宫博物院的第6任院长。2012年初,故宫因盗窃门、瓷器门、错字门等"十重门"身处危机之中,单霁翔"临危受命",赴任故宫博物院院长,开启了他"7×24"小时的工作模式。除了出差考察,故宫人很难在院长办公室里找到他的身影,这位自称为"故宫看门人"的院长,平日里最喜欢"微服"到院内各处巡访,一来了解各个区域工作进展情况,二来感受观众参观的状态。

作为记者，采访单霁翔是件很幸福、很享受的事情。一是因为他人很随和，没有架子。当我说起2007年"两会"上，我第一次采访他（单霁翔时任国家文物局局长），服务员不小心把他的杯子打翻，弄湿了他的文件和电脑，当时，服务员早已吓得不知所措，而他反倒安慰起服务员："没事，用抹布擦一下就行。"语调平和，毫无责备。单院长听后笑了笑，指指旁边的秘书周高亮，"他还'污染'过我的文件呢"。二是因为他渊博的学识和深厚的文化修养。听他娓娓道来文物背后的故事，对一件件"宝贝"如数家珍，一串串数字脱口而出，好像那些东西已成为他生命记忆的一部分。

"来故宫，到自己喜欢的地方工作，我是幸运、幸福的。"单院长讲起了自己的"故宫情结"：本科学的建筑学，工作后一直从事文物保护工作，而故宫，作为世界最大的木结构建筑群、中国文物最多的博物馆，正好将他一生所学所用完美结合。

其实，20多年前，单院长就对故宫"情有独钟"。单霁翔回忆了一段往事：1989年，他爱人在国外上学，5岁的儿子平时在岳父岳母家，周末接回来自己带，连着5个周末，他都带儿子来"皇帝住的地方"，拿起相机一个细节一个细节地拍故宫。再后来儿子一听要再来这个地方，说什么也不愿意去了。

既享受忙碌，又享受清净。单霁翔说，每天最悠闲的时光，就是晚上饭后，清茶暖灯，书籍为伴，两三个小时不知不觉就过去了。历史类的，文化评论类的，文物、建筑、博物馆等专业类的……他都感兴趣。

春节临近，故宫掌门人的春节怎么过？

"大年三十的晚上,我们会夜查,然后和值夜班的人坐下来一起吃盘饺子,向他们道声'辛苦了',每年大年初一,依照惯例,我和我们的员工会站在故宫门口,迎接第一批观众的到来。又是新一年到来了,我们带着美好的祝愿欢迎观众,也希望来年的故宫平平安安。"

过去一年,什么事最感欣慰?

"去年为观众做的事最多。"说起这个话题,单院长很有底气,"经过系列措施,观众现在只要花5分钟就能买上票,轻松顺利地参观。去年我们还在端门广场增加了400把椅子,让观众有尊严地休息。"

"卸任后,您会干点儿什么?"记者好奇地问。

"作为一名'故宫人',永远不会退休!"没想到,对这个问题单院长早就想好了,"我要退休了,就去当一名故宫的志愿者,我连地点都选好了——端门的数字博物馆,在进入故宫的第一道门,精神抖擞地当一名志愿者,让观众心中有数地参观故宫!"

辑二

金台访谈录

"80后"阎肃：
新解"风花雪月"，谈"精神故乡"在先贤笔下

编者按：著名词作家阎肃与人民网结缘已久。早在2007年，人民网强国论坛的访谈室里，就曾留下他标志性的爽朗笑声。时隔8年，阎老再次做客人民网，参加文化频道策划的"回望文艺工作座谈会一周年·文艺名家话精神故乡系列访谈"。访谈中，阎老透露，自己名气越来越大，上门求歌的人也越来越多，"但实在太忙，没时间写"。当主持人半开玩笑半认真地向阎老索歌时，阎老爽快地答应："我今天到人民网来，跟网友交流，就觉得人民网非常不错，要给人民网写一个歌，就唱'我爱人民网'吧！"今天，当我们再次重温阎老2015年的这场访谈，仍能从中感受一位军旅文艺工作者的情怀与担当。

主持人：阎老师是文艺界的常青树，您走到哪里，您的笑容、您的作品就带到哪里。去年阎老师参加了文艺工作座谈会，并且做了发言。您提到一个词"风花雪月"，您说军旅文艺工作者也有"风花雪月"。

阎肃：这个来龙去脉很有意思。我问了问都有谁发言，当兵

的有几个？回复说"当兵的就你一个"。我说我自己写稿吧，我把自己的喜怒哀乐都说了。所谓喜怒哀乐，就是一种感情。比如说，"风花雪月"，我比较喜欢昂扬向上的，我说当兵的人，也有自己的"风花雪月"。"风"就是"铁马秋风"，"铁马秋风大散关"；"花"，毛主席说"战地黄花分外香"；"雪"，"楼船夜雪瓜州渡"；"月"，我写过一首《长城长》，就是"边关冷月"。这就是当兵的"风花雪月"。

这时，习总书记有个插话：我赞同阎肃同志的"风花雪月"。我心里想的就是说真话，我认为，作为一个部队文艺工作者，爱憎要分明，我过去写过一首歌叫《天职》，其中有这样的词："哪有那许多相思眼泪，哪有那许多离别柔肠，当我们勇敢地踏上战场，胸膛里喷涌的是雷是火是钢。"我是老兵，我觉得军人就应该这样。

主持人：刚才您提到"风花雪月"，"风花雪月"给您的创作带来哪些影响？

阎肃：我觉得不能一搞文艺作品就喊口号，这样会失掉受众的认同感。我们要用自己的语言，用你心里最真切的感受说出你真实的想法，这就是我的感觉。

主持人：把这些思想变成自己的理解，然后再把它表达出来。

阎肃：对，我不喜欢重复读人家写完的文章。我问过一些战士，我说你们爱听吗？他说不爱听。他说你说话我们愿意听。为什么？你老有新词，老有我们没想到的话。

主持人：怎样才能让自己接地气，在创作中有新词呢？

阎肃：说实话，今年我85了，我老觉得我跟不上飞速发展的时代列车，我很怕突然有一天把我给扔出去，跟不上时代了。比如像点赞、吐槽……这些网络语言，我就不知道。我尽量想捕捉，因此只有一个办法，就是多和年轻人交朋友，包括和家里的第二代、第三代交流。大家通过心与心的交流、共鸣，我从他们那儿学到好多语言。

主持人：但是您懂网络语言。

阎肃：对，我绝不会排斥，不会反感。

主持人：您说"老想和时代同步"，这个同步的过程是快乐还是痛苦？

阎肃：其中有痛苦，但更多的是快乐。比如说，人家对我一点赞，我就挺高兴。

主持人：融入网络，您害怕吗？

阎肃：有时候也害怕，但更多时候，人们是喜欢你才跟你这样。我觉得不能拒绝，不能排斥，也不能躲闪，就是心与心的交流。举个例子，我到辽西葫芦岛玩，上来两个渔老大，一身的海风，浑身黑油泥似的感觉，上来就抱着我喊"阎老师"。这就是一种爱，特朴实。

主持人： 虽然您活跃在荧屏舞台上，但是您和观众的心很近，怎样才能让自己保持这样一个状态？

阎肃： 我不是装的，我本能就是这么个人，纯天然。我老伴知道我，很简单，啥都不会，笨得很。

主持人： 作为文化大家，您取得这样的成就，却很淡然，怎样保持这样一种心境？

阎肃： "万众瞩目"，到现在也没有过这种感觉，还是个普通人，就这么简单。我敢说，我有个优点，我尊重一切劳动者，不管您是种地的，还是一个钳工，我觉得在这方面您就是我的老师。我真心这样想，我尊重他们，这份尊重换来的是人家对你也有一种尊重。我有好多朋友是从事很多其他职业的。职业没有高低贵贱，干什么都能干出学问来。

我的第二个优点，就是干什么活我都想把它干好。好到什么程度？好到离了我不成。而且我事先想好，搞砸了会怎么样。真正搞砸了，我都很沉着。举个例子，一开始我到文工团，让我管打气的煤气灯，气灯有个罩，那个罩燃烧一次之后就成了灰烬，一碰就成灰了。从甲地到乙地演出，这一路上我像保护眼睛一样保护它，那个盒子四面不着边，都是空着的，把它悬在当中，我捧着它，到第二驻地还能使它。不吹牛，灯泡在我手里可以用六次。

主持人： 当时为什么有这样一种态度？

阎肃：我就是干什么都想干好。拉大幕，我敢肯定地说，我拉的是让导演和观众满意的。我琢磨这个节奏，没别的，就是一种情感的节奏，但是你得琢磨。第二，我想，要弄砸了怎么办？因为不可能保证你每件事情都会做得最好，做不好了我有预案，所以我沉着，不慌乱。当然这样好像活得太累，也不见得，其实是活得比较有滋有味，我觉得挺有意思的。

主持人：您对待工作有一种近乎完美的追求。

阎肃：是这个道理。我从小到大，为什么大家一直都喜欢我？第一，我尊重别人；第二，我会把工作做得很好。我跟我的孩子们也这么说，你努力把你该做的事情做好就行，就这么简单，没什么窍门。

主持人：将每件事尽力做到极致，是您从小从家庭生活中感知而来的，还是某本书、某个人带给您这样一种影响？

阎肃：从小我父亲教我写字，当时家里穷，没钱，就拿报纸写。一张报纸，先学写小字，拿笔蘸着墨写，写完蝇头小楷后再写大一点儿的，最后一张报纸写两个字，或者写一个字，字越写越大，就这么练出来。踏踏实实走好每一步，这就是"笨功夫"。我到现在都非常感谢我爸爸，那时候他每天督促我写字。

现在回想起来，练字这个事很简单，但当时没过几年，字也练不成了。日本人打进来了，我们就得跑、逃亡、流浪。生活就是这样，艰难困苦，玉汝于成。我到现在腿脚比较好，与从小颠沛流离有关系，吃过苦，知道什么叫甜。后来我考上了重庆大学,再接着就干革命去了。随遇而学,我这一辈子都是这样,遇事就认真做,把它做好。

主持人: 认认真真做好,怎样把它做好是您思考的问题。在做的过程中发现一些问题,多做多学习,而不是在这儿空想。

阎肃: 是的,多做,多学习,我不敢吹大牛,但我确实读了很多书。我读中学的时候,就读了许多书,包括武侠小说、公案小说,还有中外古今文学名著。

早年间,我为了写一个知青的剧本,从延安走了80里地走到甘泉县。那时候在当地插队的高中生,冬天就在窑洞里点个小油灯读《资本论》,读《哥达纲领批判》,读《反杜林论》。当时他们说了一句话,让我感到特有分量,他们说,将来也许国家需要我们,我们要有担当,有家国之思。他们未必想当大官,但是有这个情怀,他们要充实自己,将来为国家做大事。我听了很受感动。

现在有些年轻人,老说网上什么都有,我上网一查就有了,我不赞同这样的说法。我跟我孙子说,爷爷像你这么大的时候,一肚子都是书,"腹有诗书气自华",网上的不是你的,你还得查。

主持人: 重要的是在阅读中获得启迪。

阎肃: 读书破万卷,书到用时方恨少嘛,就是这个道理。唐诗宋词我都是一首一首、一堆一堆地背。而且我曾下过死功夫,川剧的唱词是最讲究的,一本一本的川剧我都背。

主持人：把这些背下来以后再去创作，有哪些优势？

阎肃：占大便宜了，我学会了很多油然而生的"文加白"。多读书，还要多开眼界。我到了北京以后，舍不得吃，舍不得喝，舍不得抽（烟），钱都省下来给戏园子、给书店、给小剧场。我走40里地，从大红门走到前门，我成天去看人家怎么演，要不我怎么这么熟悉舞台？要做到世事洞明、人情练达，你得做有心人。

当然，你不一定能成为什么"家"，我那时候也没有想成为剧作家，你要成为一个"者"，一个工作者，扩展你的眼界，敞开你的胸怀，掌握你的技能，你就得多看多学，就这么简单。

主持人：在这次文艺工作座谈会上，习总书记提出，希望文艺家使我们更多的青年也都有精神上的故乡。

阎肃：是的。心灵上的故乡，我认为都在先贤笔下。我很爱读书，可以张口就来，不管唐诗还是宋词，好的词句，存在脑子里，它是不会溜走的。包括鲁迅、老舍、曹禺、巴金的作品，我从小就读他们的书，真是长见识，长知识，长学问，长性情，从中，我还学到了做人的道理。

主持人：上个月，我们观看了"9·3"大阅兵，阎老师也参与其中，您有什么感受？

阎肃：我参加的是庆祝抗战胜利70周年暨世界反法西斯战争胜利70周年演出，叫作《胜利与和平》。这次文艺晚会受到了大家喜爱，我孙女看了两次还说想再看，我好惊讶。

主持人：孙女多大？

阎肃：19岁。她平时不那么喜欢这方面的演出。后来我想，她喜欢这场演出的原因是什么呢？那就是真性情。我们还原了真实的历史，而且唤醒了她作为中国人的自豪。

主持人：这样一台文艺演出，给年轻人带来哪些思考？

阎肃：这就是历史，不能忘却。这次最大的收获就是抗战精神，和平必胜、人民必胜。中国人为什么能够胜？抱成一团，联合起来，抗战到底，就是这种精神，不可征服。

主持人：再回到文艺工作座谈会上，去年召开文艺工作座谈会之后，您觉得文艺界发生了哪些变化？

阎肃：大家都在努力，都记住了习总书记那句很有分量的话："有'高原'缺'高峰'"，说进了每个人心里。我们创作一线的同志，都在认真思考这句话，积累知识，磨练自己，想要努力做出一点儿成果回报时代。

结语：访谈中，阎肃老师对着镜头展现了一个活灵活现的"80后"的自己，对待生活非常幽默，但一提及"工作"二字，则拼尽全力，精益求精。在这个速成又速朽、有些浮躁的时代，阎肃老师的这种精神恰恰是我们所需要的。

 记者手记

为何大家对阎肃评价那么高？

2016年2月18日上午，著名艺术家阎肃遗体告别仪式在北京八宝山举行。"就这样，你轻轻地走了，那一颗赤子之心哟，从哨所到军港，从雄鹰到蓝天，让大江南北家喻户晓……"这是前来送别的亲友们为这位德艺双馨的老艺术家所创作的诗作。

2016年2月12日凌晨三点，在突发脑梗住院近5个月之后，这位生命不息、创作不止的文艺战士平静地离开了尘世。噩耗传出，上万名网友自发为老人送行，满屏都是"一身正气""德艺双馨""亲切风趣"等充满崇敬、赞叹的字眼。而阎老生前的领导、同事、亲朋好友也纷纷发文缅怀，千言万语，无不在为阎老的艺术人生"点赞"。

▶ 阎老收获了哪些"赞"：一个兵，一条路，一颗心，一面旗

从艺65载，无论是创作实践，还是为人做事，他都"一片丹心、一腔热血、一身正气，不愧为文艺工作者学习的楷模"。

上至国家领导人，下至普通群众，都给予高度评价。

"那风是'铁马秋风'、花是'战地黄花'、雪是'楼船夜雪'、月是'边关冷月'。就是兵味战味！"在 2014 年文艺工作座谈会上，阎老对于军队"风花雪月"的新解，得到了习近平总书记的赞许。"我赞同阎肃同志的'风花雪月'，如果我们的解放军文艺工作者没有军味，没有战味，那干吗要穿这身军装呢？"

"真懂艺术，谦虚好学，无私奉献。"与阎老合作过的老中青三代艺术家同行对他的真性情深有感触，"跟阎肃合作是一种艺术享受，他的作品有内涵，文辞修养高，用一种深沉情感和人文情怀，追求艺术的质朴和完美，依靠真诚征服观众。"

"幽默风趣，没有架子，和蔼可亲。"阎老去世两小时内，喜爱他的粉丝们纷纷在微博上为这位平易近人的老艺术家送行。"阎肃是名人，但看起来就是个乐呵呵的老头，见谁都会主动打招呼，还微微鞠躬，清洁工、花匠、服务员都是他的熟人。"

"【阎肃　弦歌感人肠】铁马秋风、战地黄花、楼船夜雪、边关冷月，这是一个战士的风花雪月。唱红岩，唱蓝天，你一生都在唱，你的心一直和人民相连。是一滴水，你要把自己溶入大海；是一树梅，你要让自己开在悬崖。一个兵，一条路，一颗心，一面旗。"这段《感动中国》2015 年度人物颁奖词，凝练了老爷子的一生，也道出了众人的心里话。

▶ 阎老为何那么"赞":熟悉所有曲牌、词牌,却从没穿过一件名牌

身穿一件朴素的薄外套,脚踩一双黑布鞋,白发苍苍,笑脸盈盈,在深秋的晨曦中远远向我们招着手,这是人民网记者与阎老初次相遇时的场景。然而让人意想不到的是,半个月后,老爷子便病倒入院。

如今,老爷子走了,我们内心仍然哼唱着他的歌,脑海里重温着他的剧,内心怀念他"呵呵呵"的标志性爽朗笑声。

作品好。从艺65年来,他"始终唱响主旋律",但他的作品里几乎没有"硬邦邦"的东西。"他始终依靠真诚去征服观众,"中国歌剧舞剧院著名作曲家温中甲评价,"他在创作时不是简单地把对祖国的爱、对人民的爱直接放在作品里,或是做标语口号式的处理,而是用一种深沉情感和人文情怀,追求艺术的质朴和完美。"

作风好。在阎肃同志艺术成就研讨会上,著名歌唱家李谷一说,阎肃从不耍大牌,也不摆老艺术家架子。"他平易近人,和大家一起吃盒饭,一起在后台候场,没有任何特殊化待遇和享受。"二炮政治部文工团副团长、著名词作家屈塬,回忆了阎肃日常生活中的诸多细节:面对猪肉白菜馅饺子时满脸的陶醉感、吃火烧时用手小心接着掉下的芝麻粒、剩下的包子饺子打包下顿再吃、抽了半根烟掐灭下次接着抽……"他熟悉所有的曲牌、词牌,却没见他穿过、用过一件名牌。脱下戎装,一身布衣,就是一个诙谐风趣的老大爷。"

▶ 阎老的"赞"留下的思考：向他的"赞"看齐，续写他未尽的艺术人生

有人说，阎老像一座高峰，令世人高山仰止；有人说，阎老似一面旗帜，引领后辈迈步前进；也有人说，阎老如一面明镜，留与后人观照内心。为何如此多的艺术同行，乃至普通网友都纷纷自发怀念阎老，为其"点赞"送行，值得我们深思。

放眼当下文艺界，浮躁之风盛行。一些文艺家尤其是个别青年文艺工作者，不潜心打磨作品质量，反而醉心于用各种手段谋得荣誉，被金钱"遮蔽"了双眼。光想要成绩，却不愿"接地气"。这些都是阎老生前痛心疾首的问题。

文艺创作要俯下身子"接地气"，说百姓听得懂、喜欢听的"大实话"。"我艺术的根和魂，只有深深扎进军营这片沃土，扎进老百姓的喜怒哀乐，才能写出真情、唱出大爱。"阎老是这么说的，也是这么做的：为创作京剧《红岩》，他曾亲自到渣滓洞牢房里"坐牢"7天；《我爱祖国的蓝天》唱响军营内外六十载，离不开他深入部队、与士兵们同吃同住同工作的长期体验。

有数量缺质量、有"高原"缺"高峰"，抄袭模仿、千篇一律，都是当下文艺创作存在的问题。反观阎老65年的创作生涯，从红歌军歌到流行歌曲，他不断出新出彩，精品力作层出不穷，几乎在每个时代都留下了代表作。而阎老曾自曝窍门，一是"学习"，二是"认真"。

阎老的作品从不拘泥于一种风格，既有"春蚕到死丝不断，留赠他人御风寒"这样蕴含深厚文化底蕴的唱段，也有"我爷爷

小的时候常在这里玩耍,高高的前门仿佛挨着我的家"类似大白话的句子,从阳春白雪到下里巴人,从传统诗词到流行文化,看似信手拈来,皆是厚积薄发。用阎老自己的话说,这都得益于他一生"随遇而学",从未间断知识积累,"唐诗宋词我都是一首一首地背。把这些背下来以后,再去创作的时候,就'下笔如有神',占大便宜了"。

"干什么活我都想把它干好。好到什么程度?好到离了我不成。"布置给阎老的工作,他一律认真对待,完成得又快又好,还能常常带给人们惊喜。当年中央电视台办晚会,请阎老写歌,老爷子从川剧中捕捉灵感,写出一首《雾里看花》,将"打假歌"写成了哼唱大街小巷的流行歌曲,令大家赞叹不已。

阎老走了,但他的精神不息。除了为他点"赞",我们更应该向他的"赞"看齐,努力续写他未尽的艺术人生。

(2016年2月18日采写:黄维、陈苑、王鹤瑾)

冯骥才与他的"四驾马车"

编者按：2012 年 9 月 9 日，文化大家冯骥才在北京画院迎来了一次不同以往的个人艺术展，展览汇集了他在绘画、文学、文化遗产保护与教育四个领域的重要成果，冯骥才自称为"四驾马车"。9 月 14 日，冯骥才首次走进人民网，以"冯骥才和他的四驾马车"为题与网友交流。

主持人：近日您在北京画院举办了一场成就展，还推出了新问世的一部书——《生命经纬》。有人说，这是您在 70 岁时，推出的一部总结自我的书。其中提到了"四驾马车"，能不能跟我们说说这"四驾马车"都是什么？

冯骥才：过去讲，人生七十古来稀，但是现在 70、80 岁的人很多，有朋友说"冯骥才，你做的事情太多了，你应该捋捋自己了"。所以我想应该给自己来一次彻底地"查体"，把自己过往的路捋一捋，捋到今天，觉得我还有四件事做得正带劲。

主持人：就是您说的"四驾马车"。

冯骥才：对我来讲，文学是一件很大的事情。

主持人：因为文学，家喻户晓。

冯骥才：这次在北京展览的时候，我带来了我文学的各种版本，就是给大家看看我在文学方面做的一些事。此外还有绘画和文化遗产抢救方面的，后者是现在我最焦虑、最投入的一件事。

主持人：这是您付出精力比较多的一件事。

冯骥才：这是四件事情，所以我的"四驾马车"不是四匹马拉一个车，是用四匹马的劲拉一个车。因为我车上有四样东西，所以我叫"四驾马车"。我想把这个车拉到北京，拉到北京画院，把绘画挂在墙上，把文学作品、文化遗产抢救的部分出版物，还有我在大学里做的科研成果摆在那儿，请各界朋友指点，然后再思辨，决定自己未来怎么办，怎样把路走得更好。

主持人：您刚才提到"四驾马车"，包括绘画、写作、文学、民间文物保护，还有教育，您觉得给您的工作生活带来哪些影响？

冯骥才：这四件事情占据了我生活的全部。我喜欢平行工作，喜欢同时推动。在做文化遗产考察的时候，我必须亲眼看到，知道它的状况。我要鉴别它是什么样的文化遗产，价值怎么样，现在的状况怎么样，传承上有什么问题，所以我必须要到现场去看。在山里的时候，我向车窗外看，感受周围的山。搞绘画的人，最重要的是感觉，不是用眼睛看，而是用心去感悟。这个画展里我的一幅画中写了这样四句诗:"山性乃人性",每座山都有个性,就像人一样;"云语皆可听",云彩说的话,我们用心也可以听到;"流水情最切",山里的东西是大山最急切的情感;"谁解我心声",在那个时候,我会听着音乐感受大自然,是另外一种味道。我好像天生属于文字、属于丹青、属于绘画,这完全出于我个人的性情。文化遗产抢救和教育是我的选择,对我来讲,这四件事情融在一起,是我生活的全部。

主持人:您在教学生的时候,会把文学、文字或者绘画的一部分教给他们,甚至会把人文情怀传递给他们。

冯骥才:文学是其中一部分,我会把现代文学研究室和非遗中心,通过实验室的方式,集中老师和学生共同研究一个项目,文理合并,一块儿做考察。比如搞文化遗产的学生,我可能把我对文学艺术的理解告诉他们。我们现在的应试教育,学生的视野比较窄,这恐怕是我们教育中一个非常大的问题。所以,我大学里的院系,自己写了两句话,叫"挚爱真善美,关切天地人",我非常希望我们的年轻人要有更宽广的视野。

主持人:您觉得目前高等教育最大的问题在哪儿?

冯骥才:我觉得中小学教育,最重要还是人的教育,树人的教育。你让他念书考高分,为了什么?我觉得这是第一个问题,如果他说不清楚了,我觉得到大学,再跟学生们谈责任,谈社会责任感,谈文化责任感,谈使命感,就非常艰难。

关于教育,我说过一句话,大鸟的责任是帮助小鸟使用好它们自己的翅膀。教育，最好的目的是解放孩子。解放什么呢？解放他的潜质，解放他的个性，解放人的真善美，解放他们与生俱来、自己独有的智慧，教育是找到自己。记得有一次我在英国大学听过一次课，老师提出一个观点，跟着学生们就辩论，最后辩得很狼狈。这是一个很有名的教授。我说你今天是不是有点儿狼狈？他说不，他说学生充分用了他们的智慧，把我辩倒了，我就成功了，因为我启发了他们的教育。后来我写了一篇文章，智慧不是老师给你的，是老师启发你的智慧，那才是最好的教育。

主持人：现在中小学生在课本中读到您的作品非常多，您觉得古代和现代的经典美文，有哪些共通的地方？

冯骥才：我觉得文学经典里蕴含的美是不变的。文学的内涵往往超越了文学本身。有很多地方总提"把文化做大做强"，实际上，一篇很小的散文、一首唐诗，会让我们永远记得。比如"床前明月光"，这首20个字的唐诗，会让我们永远想起对故乡的感情，它在我们内心无比强大。真正的文化是要做精做细做深，而不是表面轰轰烈烈，太大、太强，往往就变空了。

主持人：这十来年，您一直持续关注中国文化遗产保护，很多地方要留住传统守住个性，但当我们过几年再去时，一派商业繁华的气象，没有一丝文化内涵在里面。您觉得最大的问题在哪儿？

冯骥才：这个问题问得很好，也是我特别忧虑的。最早，大家不知道文化的价值，我们没有来得及看清自己的东西，其中有很多是我们民族需要守住的。比如中华民族自己的道德标准、民族精神、价值观、审美观,以及千姿万态的地域特色,就是我们文化的多样性、灿烂性。在这个转变过程中,第一个损失就是城市个性,原来它是千姿百态的。如果城市记忆没有了,这个损失真让人痛心。因为我是作家,作家把一个城市的个性、城市人的集体性格,当作最重要的宝贝。我们知识界觉醒得很快,在上个世纪末这个世纪初,我们就开始做中国民间文化遗产的抢救、保护。但是,我们觉悟再快,跟不上现代化的速度,跟不上新农村、城镇化大规模的时代冲击。当然,我认为这是一个时代的进步,这是没有疑问的。

主持人: 您说跟不上,是速度跟不上,还是力量跟不上?

冯骥才: 因为这个保护,不能光是知识界和政府的保护,还要有全民的保护。抢救中,往往又出现新的问题:因为村落是非遗类的载体,我们想在村落改变的时候,把非遗保住,同时把有价值的古村落用各种各样的方式保护下来,而且是科学的保护。

主持人: 就像您说的,可能老百姓对文化保护的意识参差不齐。

冯骥才: 我觉得现在我们的公民觉悟在迅速提高,我们中华民族热爱自己的文化。但是其他的问题,如过度产业化、商业化、政绩化……随着城镇化,很多农村空巢了,人们选择到镇里或者城里生活,这样很多文化就断绝了,很多艺术传承人,到了下一代就不传承了,选择另外一种方式生活了。

主持人：您在做文化遗产保护的时候，能感觉到您作为文人的责任，一种文化坚守、文化自觉。您是作家，又是画家，这两种身份对于非物质文化遗产保护，对您有什么影响？

冯骥才：作家深切地关注他的生活，实际上就是文化。比如我关注一个城市的文化特征、城市风情、人文生活，这些往往是最浅显的生活。拿我来讲，我写《神鞭》、写《三寸金莲》的时候，我最关注的、最深刻的，还是天津这座城市最迷人、最有个性的一些元素，这些元素就在文化里面。

另外，作家都是有责任感的，对社会、对民族、对国家、对人们，都有很强烈的责任和使命。反过来，对我们所从事的文化本身也有责任。所以，我后来写过一篇文章叫《文化责任感》。

主持人：您曾经提出人文知识分子的使命，现在非物质文化遗产保护，包括文化遗产保护这方面，可能我们文人的力量还很薄弱。

冯骥才：我觉得文化是纯精神的事情。所以，我在2006年前后成立了一个基金会，当时我卖了几幅字画，将我的画和文化遗产抢救相结合。从1994年开始做天津城市保护，一直到2010年做文化遗产抢救，所有行动都是民间志愿者的行动，我找的都是民间的历史学家、文化学者、地方摄影家。我们在做城市调查的时候，我基本用的都是卖字卖画的方式。当然，有时候朋友们也被我感动，会支持我。我做文化遗产抢救一段时间以后，觉得经费确实有困难。有些文化档案要出版，一部书就要几十万，怎么办？只能成立一个基金会。成立基金会，最重要的一点是给自己壮壮气。另一方面，还是想引起更多的人对这个事情的关注。冯骥才书也不写，画也不画，现在把画都卖了，做这个事情到底是为了什么？他做文化遗产抢救，他为了什么？总要这样想吧。我觉得这样就启发人们去想我做这件事的意义。

主持人：会不会有人对您不理解，或者会有不同的声音？

冯骥才：不同声音，就是我那些读者，他们认为我应该写东西，应该画画。这些年我也每年写两三本书，有时候写散文，散文也往往跟我们的文化遗产有关系，但更多写的是文化批评、文化思辨，因为当代的大文化问题需要思辨的东西太多了。

主持人：在此次您个人的艺术展览中，您把写作、绘画、教育和保护文化遗产称作人生的"四驾马车"。有网友问，您是否考虑把其中几项融合起来，比如说写作一部与文化遗产有关的文学作品？

冯骥才：我现在在各地做田野调查、抢救的时候，会把一些特别好的、难忘而珍贵的感受写成散文。我写了两本，一本叫作《乡土精神》，一本叫作《心灵档案》。今后关于文化遗产方面，我可能会写一些学术性的书，还没有一个特别好的想法，但是网民的想法提供给我，我可以想一想，作为一个思路。

主持人："四驾马车"个人艺术展开展之际，与您70岁大寿的日子非常近，《论语》中写到"七十而从心所欲，不逾矩"，您现在的精神状态和这句话存在契合之处吗？

冯骥才：从心所欲，我现在是很自由的状态，但是我觉得这个自由还是有一点儿拘的，就是责任。我在画展开幕式时讲了几句话，我们这代人，因为身上有太多曲折的历史和历史的曲折，我们和国家民族命运是捆绑在一起的。所以，我们经历过的历史告诉我们，责任永远要放在第一位，爱好要放在第二位。有时候随着性情，可能在画画写作的时候，你告诉我哪个古村落特别珍贵，要拆了，我一定要把笔放下，急不可待地往那儿奔。这也是我一种带有个案特色的自由。但是，没有人拦着我，只会有人支持我。

独家对话：做客名人之家

冯骥才：提高文化自觉，打造文化经典，传承文化情怀

编者按：2012年，我第三次参加全国"两会"报道，再次联系上冯骥才委员，他爽快地接受了我的邀请。至今，六年前第一次采访他的情形仍历历在目。那个为文化遗产保护投入十余年心血精力的"大个子"，给我留下了极深的印象，他身上那种浓浓的文化情怀也深深感染了我。六年后，我又一次与冯骥才委员面对面，再次走进这位了不起的文化人的内心世界。

记者：十七届六中全会提出建设文化强国，人民日报也在近日的系列评论中指出，文化品质就是国家品质，文化发展关系国家发展。在建设文化强国的路途上，该如何提升文化品质，提高文化自觉？

冯骥才：我对这个问题的理解是，文化自觉首先是知识分子的自觉，即知识分子应当任何时候都站在文化的前沿，保持先觉，主动承担；还有党和国家的文化自觉，党和国家也要有文化的使命感，还要有清晰的时代性的文化方略，只有党和国家在文

化上自觉，社会文明才有保障。

当然，关键还要靠政府执行层面的自觉，只有政府执行层面真正认识到文化的社会意义，文化是精神事业而非经济手段，并按照文化的规律去做文化的事，党和国家的文化自觉才能真正得以实施与实现。上述各方面的文化自觉最终所要达到的是整个社会与全民的文化自觉。只有全民在文化上自觉，社会文明才能逐步提高、放出光彩。

我们现在常把文化自觉与文化自信并提，这十分必要。这两个概念密切相关，当然还有各自的内涵。文化自觉是真正认识到文化的重要性和自觉地承担；文化自信的关键是确实懂得中华文化所具有的高度和在人类文明中的价值。否则自信由何而来？

记者：您曾说过，当代文化最重要的是金字塔的塔尖。站在塔尖上，应该是这个时代的大师和精英，还有一些国家级的、世界级的文艺团体和文化机构。现在，因为我们没有这样一个清晰的文化塔尖，我们也没有去把这个金字塔拉起来，结果老百姓看到最惹眼的一定是小沈阳。您觉得症结在哪儿，该如何解决呢？

冯骥才：一个民族最重要的是它的文化经典，因为它彰显了一个民族文化创造的高度。所以我认为，当代的文化最重要的是金字塔的塔尖。站在塔尖上，应该是这个时代的大师和精英，还有一些国家级的、世界级的文艺团体和文化机构，全民都应看得见，就像法兰西艺术院、德国爱乐乐团、莫斯科芭蕾舞团那样，都是在一个民族精神文化塔尖上的。这个峰顶与塔尖也恰恰是对外交流的主体。

问题其实源于当下这种鄙俗化的潮流，这种放肆的粗制滥造，这种充满谬误、以假乱真的伪文化，正在使我们的文化变得粗浅、轻薄、空洞、可笑、庸俗，甚至徒有虚名，一边有害公众的文化情怀和历史观，一边伤及中华文化的纯正及其传承。我想应当一句话戳穿，即以文化谋利。为了赚钱发财，为了GDP。这也是问题的关键与症结之一。

这跟市场有关，文化的最重要的社会功能是精神功能。它直接影响着社会文明与全民素质。不能为了畅销、热销、票房、上座率和收视率成倍增长，为了利润的最大化和"疯狂的GDP"，而放弃文化固有的精神的准则。

记者：您说过，没有情怀，就传不了文化。如何培养青少年"80后、90后"一代对中华传统文化的迷恋，传承文化情怀？

冯骥才：让青少年热爱、迷恋传统文化，根柢在教育。或者说，人文精神就是教育的灵魂。教育，不只是知识教育，更重要的是精神教育。

从小学、中学直到大学，一个人所要完成的不只是知识性的系统的学业，更重要的是拥有健全而有益于社会的必备的素质——这个素质的核心是精神，即人文精神。没有人文精神的教育，是残缺的、无灵魂的教育。反过来，自觉而良好的人文精神的教育，则可以促使一个人心清目远、富于责任、心灵充实、情感丰富而健康。

当今中国的大学正在尝试采用多样化的方式进行人文教育，如开设人文讲堂、建立各种艺术组织与文化中心、开展校内外济困扶危的公益活动、招募志愿者参与社会实践等等。此外，我觉得还应在中小学纳入传统节日文化教育，提高国民对中国传统节日的认知。只有对传统节日有记忆，才会有情怀。

只有扩大学生的精神视野、关切社会难点、加强心灵修养与审美素养、深化校园里崇尚精神的人文氛围，才能使我们的"80后、90后"热爱传统文化，具有文化情怀。我们需要通过教育，让人文精神的光辉继续照耀我们前进。

九十岁黄永玉的"黄氏幽默":
贴着土地过日子,摔也摔不到哪儿去

> **编者按:**"我这一生书读得少,打地基打得很辛苦,但是自己很勤奋。"90 岁高龄的黄永玉如此感慨自己的人生。在国博展出的"黄永玉九十画展"上,黄老亲临现场,与记者分享了画作背后的故事及人生感悟。

▶ 谈人生:"贴着土地过日子,摔也摔不到哪儿去"

"好玩、快乐"是黄永玉话语中提得最多的两个词,他坦言自己画画就是为了开心,也让看画的朋友们开心。"我画画的这些技能都是捡来的,东捡西捡也是一种风格,我作画没有那么多的意义要讲。考虑那么多的意义,日子就不好过了。"

"吾少也贱,故多能鄙事。"黄老笑称,"我更熟悉下层人的生活,懂得他们的思维、语言,不能老用古人诗词的话,尽可能写一些自己比较开心的东西、好玩的东西。"

为何多以荷花为题材作画?"其实很简单,就是熟悉而已。"黄老告诉记者,"我外婆家里,湖南洞庭湖一带,荷花也不少,它同一般的花不一样,荷花有花有杆,变化多,每一幅画都不一样,探索多,技巧也多。"

"躺在地上过日子,贴着土地过日子,有个好处就是,摔也摔不到哪儿去。"黄永玉说,"人活着的时候,好好工作,很可能白干,没有任何价值,但不要紧,不要把自己的意义看那么大,人这辈子不是很惨就行了。"

▶ 谈故乡:读书人不少,民风纯朴

提起故乡,黄永玉就有说不完的话。新作《无愁河的浪荡汉子——朱雀城》便是他用"故乡思维"写的儿时的"朱雀城"里的"朱雀人"。

"凤凰这个地方的人有些不一样,读书人不少,这么远的山城里怎么读书人会有那么多呢?湘西人不怕死,打完仗做大官,然后把文化带回来,不光是带文学,还带了戏剧。"黄永玉自问自答地描述着他心中的故乡人,"他们出去当兵把文化带回来,沈从文先生就是一个。所以在他的墓园里我写了一段字,'一个士兵要不是战死沙场便要回到故乡'。这个不仅是当兵的兵,也可能是文化上的兵。"

故乡人纯朴的作风,至今在黄永玉心中印象深刻。在他儿时,凤凰县办了一个蚕业学校,年幼的他经常去那儿玩,后来少小离家,当他1950年再回凤凰,又到蚕业学校去看时,发现那里的黑板、课桌、讲台，包括教员准备室的东西，都还保留着，没有人去动它。"既然我们可以走进去，当然就没有锁了，凤凰城的人当时没有想过拿那个地方的一砖一瓦，几十年过去了，这么苦，没有过。当时的人没有受过什么道德教育，但没有一个老百姓在受苦的时候去动放在那里的东西，没有过。这是当时老百姓的作风。"

▶ **谈写作：贴着老百姓耳朵边来写**

黄永玉曾给文学、雕塑、绘画排序，绘画排在了最后，"因为它能养活前几样"。黄永玉感慨，文学好比乐器里的钢琴，很全面，表现什么都可以，文学的形式也很多样，有意思，就像你跟好朋友聊天一样，聊到最秘密的话，多开心。"我有时候写到得意的时候，自己会哈哈大笑。画画没有笑过，做雕塑有什么好笑？"

黄老坦言："现在晚上睡不着了，就想还有什么东西没有写上去，凤凰这样一个特别的地方，从小熟悉的一些东西，不写出来好像可惜了。"黄永玉说，自己写文章也没有受过很好的教育，但是经常读一些中外文学作品，"我对生活、对写作的态度是，贴着老百姓的耳朵边说话，讲他们的家常话，用这种方法来写东西"。

 记者手记

黄老的真性情

今天有幸近距离接触黄永玉先生及他的儿子黑蛮、女儿黑妮,与老先生一起赏画,听他讲自己的人生,很是受益。

黄老虽然左耳不太好,但思维依然敏捷,回答问题幽默睿智。老先生一点儿架子也没有,接触下来,感觉就是一个很可爱的老头儿。他很洒脱,谈到死亡,他说:"骨灰就不要了,大家喝一杯咖啡了事。你留一个骨灰在家里,你儿子可能对它还尊敬,你孙子可能稍微有点儿珍重,重孙子时扔到哪儿去就不知道了。"他很时尚,周末爱看《非诚勿扰》,"要看现在的年轻人怎么看世界";他很风趣,说起长寿秘诀,"首先投胎的时候要选一个好的祖父、家族"。

采访结束了,走出国博展厅,下台阶时,老人也不要人搀扶,竟像个孩子般蹦蹦跶跶下了楼梯,令很多记者既惊讶又感慨——这哪里像个九十岁的老人!看着老先生走远的背影,希望这个乐观开朗、有着真性情的老头,在百岁的时候,还能在国博办画展、讲故事……

何建明：用现实主义之笔创作"国家叙述"

编者按：作为中国文坛中最有影响力的报告文学作家之一，何建明一直抱持着强烈的社会责任感和使命感，真实记录着高考、地震、农村改革等社会发展中与普通人息息相关的大事。2016年3月，何建明做客人民网，谈如何用现实主义之笔创作"国家叙述"。

主持人：2014年10月召开的文艺工作座谈会上，习近平总书记强调，文艺工作者一定要走到人民当中去。对现在年轻一代作家，在深入生活、扎根人民方面，您能否给他们一些建议？

何建明：习总书记提到，坚持"以人民为中心"的创作导向。年轻作家，包括老作家，我们有一个重要任务，就是要和人民群众紧密地在一起，去深入了解他们的生活、他们的情感。如果没有现场感受，没有真正把心、情感融入人民中，这种生活我认为不到位，是肤浅的。

为什么说现在的文学作品不太好看，或者好看的作品不多？我认为，重要的原因之一，就是这些写作者的生活方式存在一定问题。你没有把腿迈好，迈到应该去的地方，这些不到位，所以我们的作品对生活的理解、对生活的感悟，总有一段距离。对这样具有时代特征的现实主义的作品，我们写得远远不够，这是因为我们对生活的认识和理解缺乏基本的本领。所以，我们的作品不太到位，抓不到实质性的东西。

主持人：您觉得我们该如何修炼自身本领，应对现在的变化？

何建明：每个作家都有自己创作的方向。比如我写报告文学，我可能强调除了艺术上的要求，还要尽可能到第一线去。法国著名作家左拉，为了写《铁路工人》，他趴在拉煤的火车上待了15天，深切感受到火车上煤炭工人的生活状态。因此，他完成了一部非常重要的作品。

今天的作家，恐怕在知识技巧方面不存在问题，但是对现实生活的了解不够。如果要写一部经济方面的作品，我觉得应该至少用一年两年的时间深入经济领域去了解，最好还要当一个什么角色，我认为这种体验会完全不一样。要去倾听他们，跟他们一块儿生活，才可能写出特别生动形象的人物。

主持人：只有深入生活，才能感受那一情一景带给我们的冲击。

何建明：其实我们的老祖宗早就给我们做出了榜样。比如《史记》，司马迁为了写这本书，从年轻一直写到老，大概花了一二十年时间，把他认为应该去的地方都走了一遍。包括李白、杜甫，写了那么多精彩的作品，都是靠脚走出来的，有了生活的感受，才完成了他们的经典作品。那时候没有人提出要深入生活，但是他们一直在践行。所以，生活对作家来说包括两种，一种是你物质的生命，还有一种是你精神的生命，这两种生命都好了以后，你的作品才真正具有生命力。

主持人：如今网络文学繁荣发展，您曾经用鲜花和野花比喻传统文学和网络文学，您为什么会做出这样一个比喻？

何建明：这几年我们作家协会每年对网络文学作家的生存状态和发展进行调研，和网络作家交流时，发现了几个让我吃惊的现象：第一，网络作家的写作状态让人吃惊，他们每天写十几个小时，一年写几百万字。这让我觉得他们付出的劳动代价不简单。第二，他们的生存状态又让我感到忧虑。因为强大的劳动和创作量，使得他们几乎没有时间去干其他事，有的作家常年不出门，对外面的世界不了解，整天在家里写，这样长期下去行不行？

网络作家完全独立写作，没有导师，没有人教他，靠他们自己闯出来。而今天的传统作家，像温室里的鲜花一样，写出来的作品很美观，但不好的地方就是受到了种种制约，人的创造力、奋进力、潜能受到一定影响。而另一方面，网络作家靠自己，这样的花朵、草木就有可能成才，很多优秀的作品、经典的作品也有可能在他们身上出现。我看好网络文学的前景。

主持人：在这看好之中，有些什么样的建议？

何建明：网络文学创作中存在的问题，我认为在它初级发展阶段是允许的。但是我最关注的一点是，网络作家的作品在核心价值观方面要加强。我们既要倡导社会主义核心价值观，同时还要考虑到每个人的创作特点不同，做到"百花齐放、百家争鸣"。这两点如果把握好的话，我觉得网络文学的前景无限。现在我们要克服的就是粗糙的、低俗的作品。

主持人：大家都说，进入新媒体时代，开启了全民写作的状态，如何看待这一现象？

何建明：我觉得这是很好的状态。现代社会发展，大部分人都受过高等教育培养。即使一个没有多少知识的农民、工人，他也愿意写作，为什么？他想表达。一个文明的社会发展到一定阶段，人们都能动笔表达自己的情感和看法、参与写作，我认为是一种进步。这让像我们这样的写作者感到有种压力，很多不是作家的人写出来的作品非常精彩，精彩到让我们专业作家汗颜。他怎么写这么好？我总结了一点，也许传统作家在技巧上可能胜过人家一筹，但由于我们写得太多，情感可能是匮乏的。一个成熟的作家，你会发现他最优秀的作品可能就是在初级和中级阶段完成的，因为那个时候情感最真实，花的功夫也最大。所以人人写作的时代，对我们专业从事文学创作者的人是一种促进，给社会是一个巨大的文化推动。

中国书法家协会主席苏士澍：
写好中国字，做好中国人

编者按："写好中国字，做好中国人"是全国政协常委、中国书法家协会主席苏士澍的格言。他相信握笔书写下的汉字有着塑造人格、传承文化的神圣力量，即便是在电子信息时代，书法对于中国人尤其是年轻人仍然不可或缺。2016年全国"两会"期间，苏士澍以"书法的传承与创新"为题，做客人民网文化频道。

主持人：从文物保护到青少年文字书写，每年"两会"上都能听到您的声音。这次上会，苏主席您带来了哪些提案？

苏士澍：这次我带来了三个提案，两个关于文物保护，一个关于书法进课堂。为什么提文物保护呢？目前地下出土文物越来越多，通过全国文物普查，发现有200多万件急需修复的文物，这至少需要2万多名文物修复人员。而我们专业修复人员才2000多人，差太多。为了把文物好好保护起来，文物修复人员迫不及待地需要增加，才能使我们中华民族五千年文明流传下来的文物，有计划地被修复保护起来，传给子孙万代。

第二个是书法进课堂的提案。这一年我做了不少调研,发现书法进课堂开课率不太高,觉得还要更实、更细、更接地气。

主持人:您刚才说开课率并不高,出现了什么现象?

苏士澍:2009年至2014年,书法已经进课堂了,这是可喜的现象,但还有很多地方需要完善。没有老师教是个大问题。"翰墨薪传·全国中小学书法教师培训项目"正在培养书法老师,虽然去年培养了一千多人,但要解决全国的需求还得花很长时间。此外,光凭传统教法不行,还要通过"互联网+",介入现代科技手段。书法进课堂,是一个很好的契机,让孩子们从小写好中国字,长大做好中国人。

主持人:我们平时提倡无纸化办公,很少再用笔墨纸砚书写。针对这样一个现象,您觉得对于在汉字背后的笔墨纸砚产业,将是一个什么样的境遇?如何让传统文化传承和现代科技相结合,产生内生动力?

苏士澍:我认为从以前的集约式生产慢慢变为个性化需求了,针对不同需求量身订制不同产品。比如我喜欢金毛笔,软的笔,宣纸和我的软笔怎样有机结合起来,比如画大写意、大泼墨,需要的纸厚一点儿,这时候原材料就要按画家的需求来做。同时,还要满足大家的需求。比如书法进课堂,孩子们得有练习本,现在机器化生产宣纸,满足孩子练习书法不同层次的需求,逐渐地,这个产业大军形成了。

主持人：纸的问题解决了，我们再看看写字的问题。现在很多人都有提笔忘字的现象。您怎么看？

苏士澍：让孩子们写字不仅仅是一个写的问题，而要通过写毛笔字，培养孩子要精神集中。为什么写毛笔字能够精神集中？我也在琢磨，因为笔是软的，墨是稀的，纸是洇的，软笔添上稀墨，写在洇纸上，一不集中，要不就粗了，要不就细了，要不就浪费了。

主持人：怎么能让孩子们把写字和兴趣爱好结合在一起？

苏士澍：得让他们去体验。中华世纪坛三楼有一个汉字体验馆，乐在感字、乐在知字、乐在玩字，最后乐在写字。我经常跟小朋友讲，一个树干，底下一个树枝、树根，两个树杈，这就是木头的"木"。一个是"木"，两个是"林"，三个是"森"。太阳跑到树的底下去了，这就是"杳"；太阳走到地平线上来了，就是东方的"东"；太阳跑到树梢上了，就是果实的"果"。汉字构造原理包括象形、指事、形声、会意、假借、转注六个方面。我们让孩子们写汉字，不要光是说"木""林""森"，这是拼音式的，我们要把这些字通过形、音、意让孩子们一点一滴地去体会，他们就有兴趣了。我们应该从小写好中国字，长大做好中国人，我是中国人，就要把汉字写好。

中央美术学院院长范迪安：
培养有人文情怀的艺术家

编者按： 初夏的凉风习习，中央美术学院内郁郁葱葱，老校长徐悲鸿亲手栽种下的白皮松从王府井校尉胡同5号迁如今的新址，枝丫间光影交错，不改其挺拔身姿。

这里就是中央美术学院，一座穿越了近百年光阴的中国美术界最高学府，一个享誉国内外的培养艺术人才的摇篮。它用蘸满人文情怀的笔触关怀现实，用"尽精微、致广大"的教学理念孕育出一代代具有"文心"和"匠意"的人才，也在用心勾勒出一幅"具有鲜明中国特色、世界一流水平"的高等美术学院的宏伟蓝图。就是这样一所充满艺术气息的高等院校，在今年获得了"全国五一劳动奖章"的崇高荣誉，不禁令人刮目相看。2016年6月，记者走进中央美术学院，对话院长范迪安及美院的师生们。

▶ 关怀现实：将画笔深深扎入生活的土壤

"很荣幸为首都基层劳动工作者创作的《力·量》组画被太

庙艺术馆收藏，朋友们没事儿可以去溜达溜达。"就读于壁画系研究生一年级的刘畅刚刚在朋友圈发布了一条消息，瞬间就收到了数十个赞。他高兴地告诉记者，今年五一劳动节前夕，他和学校的17名老师、70多名同学报名参加了"'中国梦·劳动美'基层劳动者风采展"主题写生活动，大家一起深入基层劳动现场，记录下默默耕耘在劳动一线岗位上的职工和劳动模范代表的光荣形象与精神风采。

用艺术为劳动者塑像的活动，中央美术学院已连续举办两届。"艺术家要感怀时代，深入生活，要通过贴近人民群众，把握好时代发展的脉搏。"中央美术学院院长范迪安介绍说，"学院有意识地引导师生的创作思想观念和社会发展实际相结合，和火热的劳动生活相结合，就是希望能够树立起学生们朴素的艺术情怀。"范迪安强调，"艺术不应该是高高在上的，也不应该是孤芳自赏的，应该在他们学习艺术的起步阶段，就建立起一种关切现实的情感。"

将画笔深扎进生活的土壤，让笔墨跟时代主题相结合，反映社会的沧桑巨变，表现人民的喜怒哀乐，是近百年来一代代央美人传承下来的使命感和责任感。围绕着国家的重大历史题材，师生们泼墨挥毫，留下了一件件心血结晶。

2015年是抗日战争胜利70周年，美院的师生们以"接力"为主题，深入多个抗日战场，寻访当年的抗战老兵，为他们现场塑像；今年时逢红军长征胜利80周年，学院组织"再长征"的主题创作活动，各专业的师生们又拿起画笔，背上行囊，重走长征路。前不久刚从江西瑞金写生回来的范迪安深有感触地说："重走长征路,让同学们了解革命历史,同时也了解各地的社会发展现状,真正深入生活,创作出有感觉、有生命、有温度的作品。"

培养学生的人文情怀,用艺术关切现实,更要让创作融入生活,服务人民。面对如今中国城镇化进程中出现的千村一面、千城一面的现象,美院的师生们带着忧心,去往一个个乡村。在贵州的黔西南山区村寨,"我们的师生团队和村民们一起发掘、保留当地的特色,通过美化人文环境,让人们看得见山、望得见水、记得住乡愁",中央美术学院书记高洪说,"有的村民说,中央美术学院的老师同学们来了,我们才知道,原来村里的一块石头是那么的宝贵,连我们的树都是宝贝。"

对中央美术学院而言,今年的五一劳动节是一个意义非凡的节日。学院荣获中华全国总工会授予的"全国五一劳动奖章",成为今年北京地区唯一获此殊荣的高校。"这是属于中央美院集体的光荣,全体师生员工都非常高兴,我们当了一次集体劳模。"范迪安自豪地说。

▶ 薪火传承:用"尽精微、致广大"孕育新型人才

"尽精微、致广大。"每年毕业临别时,中央美术学院的老师们都爱用这句话赠别即将走出校门的学子。这六个字,出自《中庸》第二十七章《修身》,在 2013 年中央美术学院 95 周年校庆时,被正式选定为校训。它浓缩了首任校长徐悲鸿所倡导的教学理念,也体现了美院人多年来薪火相传的艺术情怀。

徐悲鸿、吴作人、董希文、罗工柳、古元、李桦、刘开渠、

叶浅予、李可染、靳尚谊……大师云集的中央美术学院，用一流的师资队伍培养出了一流的艺术人才。"很多人难以想象，从王府井老校区那个小小的院子里，曾经走出了那么多的艺术大家。"设计学院副院长宋协伟感慨，"从过去的小院子搬到了如今的新校区，虽然人多了，学科也多了，但大家'在传承中创新'的理念从未改变。"在美院工作长达20多年的造型学院基础部主任张路江告诉记者，将创新与传承相结合，是美院人一直秉承的传统。

人才辈出，佳作涌现，得益于中央美术学院目前的学科布局，"造型学科、设计学科、建筑学科和艺术人文学科四大支柱学科相互支撑、相互补益，这样的学科设置在国际上是非常先进的。现在，我们的任务是发挥学科结构的优势，培养与社会创新相适应的人才。"范迪安介绍说。

"既要有手艺，也要有胸怀。"中央美院拥有着一套独特的育才理念。在一线教师张路江眼中，学生应该传承"匠人"的精神；在党委书记高洪眼中，学生应该具有"艺术家"的品格；在院长范迪安眼中，学生应该成长为服务社会的"新型艺术人才"。

为了给学生搭建更宽广的展现自我的舞台，为了打开院门让艺术成果与市场需求接轨，范迪安执掌美院后的第二年，首次将"毕业展"升级为"毕业季"。"毕业季的举办，一方面建构了学院与社会交流的平台，促进了毕业生的就业创业；另一方面也有助于他们了解社会对于艺术人才的需求，从而对自己的艺术发展规划做出更清晰的认识和判断。"范迪安说。

"就业创业工作是高端艺术人才培养链条上的重要组成部

分。"高洪介绍，近年来，中央美院持续推进"艺术就业力"工程，坚持"以创业带动就业"，凝练提出了"央美创客"这一核心品牌。2015 年 6 月，中央美术学院大学生创新创业孵化器虚苑基地正式启动，在一年多的时间里，学校共支持创新创业项目团队共计 120 余个，覆盖学生近 500 余人。作为"央美创客"的成功代表之一，设计学院产品设计专业硕士毕业生宋晓薇设计研究的南极科考队员专门手表，于 2014 年随我国南极科考队赴南极完成了整个科考任务，并在 2015 年全国科技活动周暨北京科技周的开幕式上得到了国务院副总理刘延东的高度赞扬。

▶ 走向百年：建设世界一流的美术学院

从北京奥运会的"金镶玉"奖牌，到 APEC 晚宴用瓷；从董希文的巨幅油画《开国大典》，到唐勇力的中国画《新中国诞生》；从上海世博会国家馆的艺术设计，到去年阅兵仪式上歼 10 战机的战袍；从西藏、新疆两个自治区庆典的中央代表团礼品，到"海上丝绸之路艺术公园"；从"文明的回响"系列展览，到学院美术馆的双年展……范迪安向记者娓娓道来央美的优异成绩单。

中央美院对于范迪安来说，并不陌生。1985 年从央美研究生毕业后，留校任教，又任院长助理、副院长；直至 2005 年，调任中国美术馆馆长……九年后，两鬓飞雪的他，重回熟悉的母校，执掌这所中国最高美术学府。身兼院长、策展人、评论家的多重身份，凭借丰富的策展实践和深厚的理论基础，范迪安为央美注入了新的活力,"我们工作的目的,就是让师生的创作才华充分涌流"。

2018年,中央美院将迎来百年华诞。"笔墨当随时代,学术也需当随时代。在走向百年辉煌的时间点上,中央美院将瞄准创建'具有鲜明中国特色、世界一流水平'的高等美术学院的总目标,夯实教学基础,优化教学内涵,让我们的学子成长为有文化情怀的能工巧匠。"范迪安这样描述他心中的百年央美。

"我们距离世界一流还有多远?"在范迪安看来,建设世界一流的美术学院,首先要继承优秀的学术品格和文化传统。"去年,我们通过举办'历史的温度——中央美术学院与中国具像油画'大型展览,以及徐悲鸿、董希文、罗工柳、王临乙、王合内等名家名师的个展和研讨会,对中央美院的办学传统、学术贡献与中国现代美术进程的关系有更清晰的认识,以期做好学术的接力和精神的传承。"

"习总书记在文艺工作座谈会上提出,广大文艺工作者要把作品当成安身立命之本,创作出思想精深、艺术精湛、制作精良的精品力作,激励我们朝着这个目标努力攀登。"范迪安坦言,未来,中央美院将在新时代背景下,瞄准中国方向,借鉴国际优长,实现转型升级,加强优势学科建设,用视觉创造塑造"中国形象",用视觉产品讲述"中国故事",用视觉传达彰显"中国精神"。

(采写:黄维、陈苑、李岩)

"评书大师"刘兰芳：
老书新说，以英雄人物为"精神故乡"

> 编者按：**"我们的传统文化越到基层越受欢迎，越有观众。"** 这是中国曲艺家协会名誉主席、著名评书表演艺术家刘兰芳接受专访时说的第一句话。近年来，刘兰芳一直关注传统曲艺的发展。她表示，说好书，说好英雄人物，把他们的精神与品德贯穿在节目里，为启迪青年尽绵薄之力，使听书者在笑声中获得思考。

▶ 肩负习总书记重托，喜见中国曲艺繁荣景象

"习总书记的重托，我至今记忆犹新。"回忆起 2014 年召开的文艺工作座谈会，刘兰芳感慨良多，"习总书记要求文艺工作者深入基层，扎根人民，强调艺术离不开人民的土壤。这些话有千斤重。"会后，刘兰芳与曲艺界的文艺工作者们一道坚持深入基层演出，创作出了更多百姓喜闻乐见的曲艺作品。

到社区去、到农村去、到学校去、到少管所去……谈及近年来马不停蹄地演出，已逾古稀之年的刘兰芳丝毫不显疲态，反而精神头儿十足。说到自己与基层老百姓相处的点点滴滴，说到一年来中国曲艺界的发展变化，她显得格外兴奋，将自己的所见所闻向我们娓娓道来。

刘兰芳首先提到了河南省宝丰县的"马街书会"，那里被誉为"曲艺圣地""说书圣地"，每年农历正月十三这天，来自全国十多个省市的近千名说唱艺人负鼓携琴汇聚于此，十几万乡亲从方圆数百里赶来。刘兰芳回忆说，过去的"马街书会"以天为幕，以地为台，表演场地极为简陋，"周围有坟地，有卖棺材板的店铺，还有卖羊汤的"，相比之下，如今的"马街书会"有了翻天覆地的变化，仅去年一年，就新增了不少舞台设备，还新建了博物馆，增添了"书会状元"塑像，"比过去好得太多了，我们看到了中国曲艺的繁荣景象！"刘兰芳高兴地说。

"在文艺工作座谈会后，在习总书记重要讲话精神的指引下，我们的传统文化有了进一步深入基层的机会。"每到一地，观众的掌声、欢笑声都给刘兰芳带来了激励和鼓舞，她深切感受到，"我们的传统文化越到基层越受欢迎，越有观众。我们文艺工作者需要走下去，在人民群众当中扎根，这样才能够有生气，才能够将我们的传统文化发扬光大。要想把评书艺术传承下去，第一要培养人才，第二要坚持演下去。只要观众喜欢，我就要一直演到我演不动为止。"

▶ 老书新说走好创新路,用网络搭建评书新舞台

刘兰芳 6 岁开始学艺,在曲坛耕耘已逾半个世纪,其表演独具一格、热情奔放、神采飞扬、吐字清晰、声音洪亮、形神兼备、潇洒大方,深受百姓喜爱。尤其是她的代表作长篇评书《岳飞传》,曾先后在百余家电台播出,轰动全国,享誉海内外。

评书是一门古老的民间艺术,已有千年历史。如何应对来自电视、手机、网络等媒介的冲击?一直活跃在表演第一线的刘兰芳对此看得很清楚,也有了应对的方法。她认为,评书艺术要继承传统、改革创新,运用新媒介打造新舞台,掌握新潮流,注入新活力,在新时代赋予评书艺术新的使命。

让传统评书艺术紧跟时代发展的步伐,在这方面,刘兰芳一直是个"赶潮人"。从早年用广播搭建"空中舞台",把声音传递到千家万户,到后来录制电视评书节目,用画面丰富艺术表现形式,刘兰芳都收获了成功的经验。如何适应今天的信息时代?如何做好"网络评书"?刘兰芳和她的学生们早已着手在做:首先是技术上的改进,用网络搭建评书新舞台,将播出后的评书节目及时传到网上,方便听众在手机、电脑上随时点播;其次是内容上的创新,运用当下年轻人喜欢的网络语言,使评书艺术更加生活化、趣味化,跟上时代的脉搏。

"老书新说,旧书新评。我们要适应年轻人的需求,让他们理解和传播我们的传统艺术,这样才能让传统的民间艺术焕发青春。"刘兰芳高兴地说,现在连小孩都听评书,想听什么上网一

搜都有。"虽然我落后于网络,但是你们可以慢慢带我呀。"言语间,我们听到了这位老艺术家心中满怀着的乐观与憧憬。

▶ 以英雄人物为"精神故乡",为启迪青年尽绵薄之力

五十余载评古说今,刘兰芳演绎过众多英雄人物的传奇故事,她坦言,古今中外的英雄人物就是她的"精神故乡","中华民族是一个英雄辈出的优秀民族。古往今来的英雄人物,他们可歌可泣的传奇经历,他们伟大的人生观、价值观,他们的光辉事迹,都是我的'精神故乡'"。

在文艺工作座谈会上,习总书记提出,希望文艺家要使我们更多的青年都有"精神上的故乡"。对此,刘兰芳有着深刻的认识,也一直在为此而努力,"评书艺术要宣传正能量,得有感人至深的好作品,还需要我们的表演者踏踏实实练好基本功,好的作品加上好的表演,才能吸引年轻的听众,才能让他们在听的过程中受到潜移默化的影响"。

"我想说好书,说好英雄人物,把他们的精神与品德贯穿在节目里,宣传爱国主义、奉献精神、礼义廉耻、孝悌忠义,为启迪青年尽绵薄之力,寓教于乐,使听书者在笑声中获得思考,这就是我的想法。"刘兰芳说。

(策划:黄维　整理:陈苑)

冯小刚:《芳华》与"逆流而上"的十年

编者按：千呼万唤始出来的《芳华》终于在这个岁末隆冬时上映。冯小刚导演把电影唯一一次访谈放在了人民网。访谈结束后，小刚导演发来微信，一面表达诚挚谢意，一边关切地问我人民网网友对《芳华》的评价。正如小刚导演微信中的感慨："票房第一不第一不重要，我也过了争第一的岁数了。如果热血《芳华》能给2017年带来一个温暖人心的暖冬，这部电影就不负我们的青春了。"

主持人：小刚导演您好，2002年您出过一本书《我把青春献给你》，里边写到了女兵，您说将来一定得找机会，把女兵文工团的青春岁月搬到荧幕上来。您一直想拍，从2002年到今年，十几年过去了，为什么放了这么久？

冯小刚：其实最重要的是要找到一个合适的作者。很多作家小说写得很好，但没有文工团的经历，就缺少很多细节。四年前我碰到严歌苓，她原来在成都军区后勤部文工团，我说我一直想拍一部文工团的电影，她说她非常有兴趣写，而且她对那段生活记忆犹新，但是当时她手里有个活儿。过了两年，我们再见面，她说我现在可以给你写了。去年她把小说写好了，我觉得不错，她又花了三个月时间写出了剧本。所以如果没有碰到严歌苓，这个愿望可能还要继续埋在心里头等待。

主持人：小说与电影，有哪些不同？

冯小刚：我拍这个电影，其实就是为了追忆我们有热血、有激情的那段青春，它特别美好。这些年这种情愫一直在我心里生长。电影最多有两个多小时，不可能像小说有那么大的篇幅。

主持人：文工团属于您个人的经历，怎么让这段故事跟现在的观众有共鸣呢？

冯小刚：我20岁出头就在文工团，对文工团的日子充满了眷恋，那是我人生中最好的阶段。这里面不仅有文工团的载歌载舞，大时代的变迁，战争、牺牲、流血还有变迁之后的社会景象，这是我们的芳华，也和今天正处在芳华的年轻观众有所共鸣。每个人的芳华都是充满了激情、热血、迷茫、躁动，这部电影特别过瘾。

我非常怀念部队文工团的生活。我们那个年代家里有一个人穿军装入伍当兵，是非常光荣的事儿。我没上过大学，高中毕业就去了部队，我是部队培养的，刚好又当了导演，所以我有可能把那段生活、那段无上荣光的风貌通过大荧幕展现给观众，把他们那种美感传递给观众。

主持人：对于刘峰这个人物的命运，您怎么看？

冯小刚：刘峰是文工团的标兵，严歌苓说他活雷锋，被整个文工团认为是好人。同时，他也和所有文工团的年轻人一样，渴望恋爱。但因为"标兵"这个人设绑架了他，所以当他表达对女兵的爱慕之情时，马上就被整个集体不能容忍：你怎么能去爱一个女孩？你想抱她一下，把我们集体都闪着了。所以他会受到比较严厉的处理。这就是他这个人设的悲剧所在。

主持人：电影中也充满了您对这些角色的悲悯。

冯小刚：当然我非常爱这些角色，我和他们同呼吸共命运，我拍这个电影是讴歌他们。尤其是对越自卫反击战中牺牲的战士，除了阵亡的，还有很多负伤的士兵。这些士兵在国家需要他们的时候，勇敢地挺身而出，英勇献身，我觉得无论如何，他们不应该被历史忘记。这部电影不仅载歌载舞，不只是反映青春美好，同时也有流血、牺牲，也有残酷的东西。

主持人：那段生活给您带来特别美好的回忆，《芳华》和您之前的电影有哪些不一样？

冯小刚：这个片子更多来自我个人对这个集体的情感，我拍这个电影是为了怀念这段生活、这段经历，为了讴歌这些人。所以在我心里挺单纯的一个目的，高度概括就两个字：美好。

我认为我们既应该有像《一九四二》这样的作品，当我们面对灾难时，能理性地认识民族性，有文艺作品对这个事儿层层剥开找原因。还需要有比如像《天下无贼》《集结号》《芳华》这样的电影，表达人与人之间的善意和美好。美好的东西并不只是拍那个浮光掠影的美好，它也伴随着残酷的东西。即便这样，他内心的那点儿暖和气，会让人非常温暖。

主持人：从最开始的贺岁档，到《集结号》《芳华》，这一路走来，您追求的是什么？

冯小刚：我和电影市场反着来，1997 到 2007 大家拍文艺片时候，我拍贺岁档商业片，2007 年开始逆流而上，拍的电影都偏文艺。我一直认为一代人服务一代人，我要拍我这代人喜欢的东西。我对自己这个转变，开玩笑说，前十年叫顺流而下、顺势而为；后十年，在大家投入市场洪流后，我就抽身出来逆流而上，顺心而为。我明年就 60 岁了，还能再拍几部电影？我不能被票房这个事儿绑架了。当然每个导演都希望有更多观众走进电影院看他的电影，但是你不能把拍电影的终极目的变成赚钱，应该拍些更有价值、更有意义的电影，这十年我走的是这样一条路。

主持人：电影里的那首《绒花》打动了很多人，之前我们听过李谷一老师版本的，这次电影版的有什么不一样？

冯小刚：我们这次请韩红唱的片尾主题歌《绒花》。因为她也在部队文工团待过，她看完电影后特别感动，觉得原来的技巧太多了，又重新唱一版朴实入心的。所以观众会听到她最新版的《绒花》，我觉得唱得非常动情。

主持人：拍完《芳华》后，您对将来的人生有什么规划？打算拍到多少岁？

冯小刚：对我来说，现在拍电影既是表达，也是享受。当我看到好剧本时，我依然会激动，变得感性，会有拍的欲望；如果我看不到好剧本，我觉得就可以把自己投身到生活里去，静静享受和电影无关的日子。

严歌苓：追忆似水《芳华》

编者按：2017年9月17日晚，电影《芳华》在北大首映。导演冯小刚携编剧严歌苓，演员苗苗、钟楚曦，与在场的北大学子们畅聊"战火中的芳华"。首映前，刚刚从美国赶回来的严歌苓接受了我们的专访。

主持人：电影《芳华》近日上映，您与冯小刚导演合作这部电影的初衷是什么？

严歌苓：大概四年前，冯小刚和我说他很想拍一个关于文工团经历的故事，他把他在文工团的经历以及对故事大致的设想告诉了我。我听完后觉得这个故事就是我的故事，我对于自己在文工团的经历，特别是对越自卫反击战的经历深有感触。

主持人：写《芳华》用了多久？

严歌苓：大概两三个月。由于我当时去的是野战医院，对战争的全局不是特别了解，一个人的回忆不能代表一代人的回忆。所以在看了很多老兵的回忆后，我重新把有关战争的地方写了一下。

主持人：这个作品既有对青春的再现，也有对厚重历史的回忆。在《芳华》这样一个青春美好的标题下，为什么还要增加这份厚重的记忆呢？

严歌苓：《芳华》是冯小刚和我一起定的名字，特别能代表这篇小说。我们从那个年代走过来，《芳华》是对青春的一次怀旧和反思。我们的青春成长史和整个民族紧紧融合在一起，而且是相互映照的，我们无法从时代的大背景里脱离出去。

主持人：看过电影之后，谁的表演给您留下了深刻印象？

严歌苓：我很喜欢这些年轻演员的表演。在这些演员里，我认为最突出的是黄轩和苗苗。苗苗演戏的爆发力很强。我看过黄轩演的《推拿》，觉得他是一个非常好的演员。片中的这些年轻演员确实演绎出了我们那个时代的风貌。

主持人：这是不是得益于冯导开拍电影前对演员们的集训，让大家进入那个环境当中？

严歌苓：可能是。我 12 岁进入部队，那种融入我们血液的文艺气质和军人气质是难以模仿的，但这些年轻演员演得很好，现在看起来他们身上有那个味道。

主持人：《芳华》和其他青春题材的电影有什么不同？

严歌苓：《芳华》的主角是军人。他们经历过战争，经历过纪律严明的团队生活。

主持人：对整部电影，您打多少分呢？

严歌苓：在我心中分数很高，但艺术不能用分数衡量。将我的经历用电影艺术来还原呈现，是有很多感情在里面的。

主持人：如果像您小说里描写的女兵那样，几十年后再来回望青春，您觉得其中残酷和美好的东西是什么？

严歌苓：最残酷的东西就是有很多对女性的硬性规定。部队纪律非常严明，一天的时间都是被安排好的，早上出早操，然后练功，下午政治学习，晚上开会或者和乐。但大部分回忆是美好的。那时的年轻人有信仰，在这个集体中大家是超自我的，有一种英雄主义的诗意，这种诗意超越了日常生活。

主持人：如果现在让您给当年的自己写一封信的话，您会写什么？

严歌苓：我会告诉"她"，要更自我一点儿。

主持人：您觉得年轻一代在看了您这个故事后，会有怎样的感触？

严歌苓：电影和小说体现的价值观是有普遍意义的。从古到今，经典文学作品在价值观上有很多共通的地方。虽然经历不同，但我们从英雄主义里提炼出的诗意，从成长过程中提炼出的诗意，对现在的人来说都有共鸣。

主持人：网友说您是一个高产作家，您怎么有这么多的生活素材支撑您的作品，保持这样旺盛的创作力呢？

严歌苓：素材来源于我在文工团的集体生活。打个比方，一个画家要画出一幅油画，会积攒很多速写和素描——我的记忆就像画家的速写本一样，里面记录了形形色色的人。我们的团体里有相当一部分四川人和北京人，四川和北京是两个很有幽默感的地方，他们身上的幽默感让我一生受益。

主持人：您私底下是一个什么性格的人呢？

严歌苓：我喜欢带着一双耳朵、一双眼睛静静地观察。我的性格动中有静。年轻的时候，我每天早上四五点钟就起来练功，不断琢磨动作，很少参加聊大天，虚度光阴。我大概天生就是一个喜欢独处、不断完善自己的人。

崔永元对话小香玉：
他们"仗义"相助又互相"拆台"

编者按： 认识小香玉一年多了，昨天却是第一次见着她真人。2017年1月初，小香玉终于做客人民网直播间。推门而入，早早来到化妆间的她，已换好访谈的"行头"——枣红色的立领新式唐装，恰到好处地点缀着几枝淡雅的梅花，既传统又时尚，既知性又有艺术范儿，一如电视节目中的温婉、干练。所不同的是，台下的她，用她自己的话说"有些大大咧咧"，极为随和、爽快。

因为种种原因，去年邀约的访谈到今年才做成。小香玉打趣地说："你看，这个访谈咱们可是筹备了整整一年啊。"首张MV《相识香玉》发布，她请来了最好的朋友——小崔一同做客人民网，以访谈的形式开启新专辑的首发仪式。从访谈内容、表演环节，到嘉宾邀请，她都精心设计，足足提前两小时到场准备。而她的徒弟，也很好地继承了师傅勤学苦练的传统，为了访谈中2分半钟的表演环节，一直练习到前一天夜里11点。

因为人仗义，小香玉在圈里朋友很多。近年来鲜少露面的崔永元，心脏刚刚装了六个支架，却连什么活动也没问，就过来了。"让我心疼，更让我感动！"见到好友特地赶来助阵，一见面，小香玉就来了个温暖的拥抱。

访谈室里，她和小崔互相调侃，有不同意见时敢于直言；生活中，则是性格投缘、无话不说的挚友……

▶ 崔永元对话小香玉：看好朋友如何"仗义"相助又互相"拆台"

"他前不久刚放了六个支架，请他过来我特别心疼。"聊到今天特地赶来为自己助阵的好友崔永元，小香玉言语中充满了感动，"一说到为了推广中国戏曲，为了普及中国传统文化教育，只要一条短信发过去，不到一分钟，小崔就回复'好的'。"

为了推广中国戏曲文化，早在2012年，小香玉推出首张CD《相知香玉》，崔永元就曾天南海北地陪她跑宣传。"我一做节目，他都得把时间留出来。"在小香玉心里，崔永元"特仗义"。

而在崔永元眼里，小香玉也是个仗义的朋友："前几年我张罗打工春晚，在网上到处找'大腕'，小香玉看见后，就一句'算上我一个'，然后说来就来了。"

崔永元曾说，能跟小香玉成为好朋友，是因为彼此一见面就很聊得来，性格相同，特别投缘。相处多年，他了解到，小香玉在生活中和舞台上像是有"两个魂"，"只要一聊到豫剧，一站上舞台，她眼睛也亮了，身段也利索了，完全像注入了新生命"。

作为小香玉的挚友,崔永元虽是豫剧的"外行",但他凭借自身的艺术细胞,也学会了一段豫剧经典唱段,还曾上台表演过。当不少人评价他唱得还不错时,小香玉却直率地笑着用河南话评价"可难听"。

崔永元坦言,过去,自己对戏曲表演的认识"很浅薄",觉得自己能把几出样板戏从头唱到尾,就跟舞台上的"大师们"没有什么区别了。但与小香玉这样的戏曲表演艺术家相处后,才让他对传统戏曲有了更深入的了解。"现场看他们演出,看他们一招一式,看他们的眼神,才知道那简直是天壤之别。"

访谈现场,小香玉崔永元两人你一言我一语,句句透着对戏曲的关注、对好友的关心。同时,真的好友还敢于直言不讳,互相"拆台"。不信?带你看看他们是如何"争锋相对"的。

▶ 观点 PK:民众对戏曲艺术的关注是否越来越少?

小香玉:现在新鲜好玩的东西越来越多,还有来自国外的东西,对我们中国戏曲的冲击都比较厉害。那么,谁来看我们中华民族最美的东西呢?中国戏曲的美,都几百年的历史了,不能到我们这儿的时候关注的人越来越少了。

崔永元:我不大同意小香玉的观点。我觉得我们有一个误解,就是觉得曲艺,包括民间戏曲在衰落。过去就那么几出戏、几个电影可供大家选择,现在就多了,表演艺术方式也丰富了。具体说到戏曲,我看到的非常多。前段时间我在南京艺术学院,第一次看现场的昆曲表演,座无虚席。这些昆曲演员告诉我,他们一年演到尾,没有一场票是卖不出去的。

小香玉:我不太同意他说的。昆曲是中国戏曲的经典,但它有它的群体。比如录一个节目,把戏曲表演放到后半场,可能有些人看完前半场就走了,因为他们不属于戏曲圈子里的人。我在想,其实后头的更好看,一般表演都愿意把压轴的好戏搁在后头,可惜观众越来越少了。

▶ 观点PK:是否应该强调"台下十年功,台上一分钟"?

小香玉:要强调一点,从事艺术,尤其是中国戏曲,一定是"台下十年功,台上一分钟"。必须得有这种吃苦的精神、坚持的精神、天道酬勤的精神。甚至你台下付出了十年功,在台上的那一分钟也未必精彩、未必准确。

崔永元:我不同意小香玉的观点。"台下十年功,台上一分钟"是对专业的要求。如果你老传递这个,无疑就把喜欢戏曲的人给"驱散"了。你可以告诉大家,专业学戏曲的得这样,如果是业余的,你会唱一句也行,这样才能让大家体会到学戏曲的乐趣。你看那些票友,在公园门口,大冬天那么冷,穿着棉衣,有的很业余,甚至唱的不在调上,但他张口一唱就特别高兴。这些人都是值得鼓励的。

从2012年的CD《相知香玉》,到刚刚推出的MV《相识香玉》,崔永元一路陪着推广宣传,他曾笑说:"只要有需要,你要走遍全中国,我就跟着你走遍全中国,一站一站签售。"只为一个共同的目标——推广豫剧,让更多的人热爱中国戏曲。

小香玉:《相识相玉》是我从艺30多年第一张MV。之前我出过一张同名CD,是用交响乐和各种新的艺术形式推出的一个豫剧作品,当时也是崔老师帮我推广的。这张MV的不同之处是,它展现了中国戏曲的造型美。从头饰到服装,具有原汁原味的中国戏曲特色,比如花旦,你扮演小红娘,你就得是花旦的样儿;比如刀马旦,你演穆桂英,就是穆桂英的扮相;还有花木兰,就是反串的小生扮相……整个戏曲程式化的表演,包括一些动作,在这个MV里都能看到。希望通过这些让更多的朋友来关注中国戏曲。

崔永元:当年发行CD的时候,我和小香玉说,这么好的一个作品,我们要让更多的人听到它。那会儿举办签售会,我说你去哪儿我去哪儿,你要走遍全中国,我就跟着你走遍全中国,一站一站签售。

小香玉:第一站杀回河南,河南电视台有个栏目叫《梨园春》,到今天已经22年了,专门宣传中国戏曲的节目,第一站杀到那儿。豫剧是走大众、老百姓参与的。这个节目中,从两三岁的小孩,到90岁的老人,都在上面打擂,比赛唱得好,自己唱完也特别高兴。

崔永元:哪有一个戏曲节目比《梨园春》火呀?没有。刚才小香玉提到的花旦、青衣、刀马旦,现在看我们节目的网友,估计有 90% 都不懂这方面的知识,其实这就是我们的市场。如果我们有针对他们的专场演出、专场讲座,让每个人都知道这个人的行当是什么,他去看演出的时候,就会兴趣盎然。

▶ **带徒弟办学校:做了一般学校"做不到的事情"**

小香玉出身梨园世家,是著名豫剧表演艺术家常香玉的孙女。"奶奶是'戏比天大',我是爱我事业如生命!"她说得铿锵有力。

"小时候练唱,从早上七点钟吃完饭一直练到中午十二点。先小声来一遍,中声来一遍,大声再来一遍。一个舞台大剧的演出,长达两个半小时到三个半小时,还有话白、念白、动作都加进去,要费很大的气力,你必须要有坚持五个小时以上的基本功,才能在台上收放自如。"

传承戏曲,培养人才特别重要,尤其要从孩子抓起。2010年,小香玉开办了"北京绿谷小香玉艺术学校",做了一般学校"做不到的事情"。

这些"做不到的事情"是什么?小香玉颇为自豪地介绍:学校 500 多个学生,每一个学生会一门器乐,有古筝、二胡、琵琶、小提琴、大提琴、钢琴……此外,还有戏曲课,有舞蹈课,还要学声乐、学武术、学台词等等。而且授课的老师是来自全国 40 多个一线大学的艺术类毕业生,包括本科生、研究生、博士生。

"好多人会说,孩子不好好学习或者学习不好,才会让他学习艺术吧。"小香玉用孩子们的成绩否定了这个观点,"连续七个年头,我们学校年年全区语数外文化课排名全是第一名,小学初中都是第一名。"

孩子们学艺术达到了专业水平,同时文化课也特别好。小香玉认为,"这印证了艺术是可以把人内心的潜质、潜力调动起来的"。

到北京绿谷小香玉艺术学校给孩子们讲过课的崔永元也颇有感触:"孩子们受到艺术的熏陶,对生活的感知可能更敏感,这是艺术家的特质。我想,他们的幸福感更强,更能调动起内心愉悦的情绪,这对他们一辈子都是有好处的。"

聊着聊着,崔永元一句"发自肺腑"的感叹又把大家给逗笑了:"我现在后悔,当时上学的时候没有学艺术,要不然我得优秀成啥样?"

访谈结束,送别小香玉,她感慨:"出门办事,我总能碰到好人。这些年,有太多人给我帮助……"其实,近年来,她放弃演出,潜心办学,这个孩子们口中的"小香玉妈妈",心里想着的是怎样为学生请来更好的老师,为他们添置更好的教学设备,这样的善行,就该受到大家的尊敬和支持。

要说这次访谈的遗憾,那就是时间太短,期待下一次小香玉能带着她更多的朋友来到人民网直播间。

舞蹈家陈爱莲：
76岁再舞"林黛玉"，精神归宿在舞台

> **编者按**：作为新中国第一代舞蹈家，陈爱莲"在舞台上跳了60多年，从下基层、下农村到走上世界的舞台，我深深地感到自己精神的归宿就是舞蹈，就是中国传统舞蹈文化的传承和发展，这是我的责任，也是我心灵的故乡……"中国舞蹈家协会副主席陈爱莲2015年做客人民网，畅谈了文艺工作座谈会后的一年里身边的诸多变化。

▶ 精品创作要实事求是，文艺评论界要敢说实话

回忆起一年前参加习总书记主持文艺工作座谈会时的情景，陈爱莲坦言，座谈会上最难忘的是和总书记的那次"握手"……"我当时对总书记说，我想跟您聊聊中国的舞蹈。他说，好啊，但这次时间太紧了，我们改天好好聊……"平易、亲和、博学，是习总书记留给陈爱莲最深的印象。

在文艺工作座谈会上，习总书记指出，文艺工作者应该牢

记,创作是自己的中心任务,作品是自己的立身之本,要静下心来、精益求精搞创作,把最好的精神食粮奉献给人民。陈爱莲用"醍醐灌顶"四个字来形容自己的感受。"你干这行,就要拿作品说话,至于是不是精品应该交给老百姓评判,"陈爱莲认真地说,"在这方面,文艺评论界责任很大,除了老一辈艺术家外,我们更需要有专业水平、有责任感的评论家帮筛选出真正的好作品。"从艺60多年的陈爱莲认为,前些年在舞蹈界更多的是称赞多、表扬多,这在她看来是不正常的,"大家都是你好,我好,大家好,敢于提出真实想法的少,这不对,文艺评论家应该敢于讲真话,敢于批评,不能人云亦云"。

▶ 76岁再舞"林黛玉",每次都有新突破

从12岁学舞一直跳到76岁,陈爱莲的舞蹈生涯超过了半个世纪。从艺64年来,她先后主演了众多舞剧,《红楼梦》则是她最为拿手和喜爱的作品。1981年古典舞剧《红楼梦》首演,陈爱莲就在剧中扮演林黛玉。今年正值小说《红楼梦》作者曹雪芹诞辰300周年,陈爱莲在对《红楼梦》原著进行深入探究后精心复排,虽已76岁高龄,舞台上的她依然形体婀娜、踢腿、下腰、旋转,都是那么出色。陈爱莲告诉记者,每次以黛玉这一角色出现时,对自己都是一次考验,甚至是一次洗礼:"演了700多场,每一次重排,我都需要在作曲、舞美、编导上有所创新,因为时代不同了,人们对《红楼梦》的理解也会有所不同,要去适应时代变化,考虑当下观众的审美需求。"

"没有传承,拿什么创新?"从《白毛女》到《霸王别姬》,从《牡丹亭》到《文成公主》,很多人难以将陈爱莲的舞蹈归到具体类别中,因为她所表现的舞蹈作品,既包含古典舞、现代舞、民族舞元素,也有西方芭蕾舞的身影。"要在传承的基础上创新,创新之所以做得不好,是因为这些年大家对中国优秀传统文化的传承有所缺失,有所断层。必须要好好学习,积累经验,在传承优秀传统文化的基础上创新,这样我们才会走得更远。"陈爱莲如是说。

▶ 中华民族优秀传统文化教化是我的精神故乡

1995 年,陈爱莲创办了北京市第一所民办舞蹈学校——陈爱莲舞蹈学校。迄今为止,学校已为国家院团输送了逾百位优秀舞蹈人才。这个位于北京市南郊的舞蹈学校,每天学生在这里闻鸡起舞。陈爱莲既是校长,又是教员,除了处理大量繁杂的行政事务外,她还要亲自授课,把多年的舞台实践经验编成教材,传授给学生。

"教书先育人。我们学校的校训——立德、敬业、求实、创新。"陈爱莲认为,办学不是做生意,不能图挣钱,要有一颗爱心,把学生当成自己的孩子对待,"教给他们好的技能,让他们学会养活自己,为社会做贡献,这才是最重要的"。

说起自己的精神故乡,陈爱莲认为那就是"中华优秀传统文化","我是一名老师,从小是个孤儿,我太清楚教化对一个人的影响。很小的时候,养父母就教我看书读报,学习中华传统文化的二十四孝,这些都是非常重要的,这些教化就是我的精神家园,我也希望它能成为孩子们的灵魂家园。"

(策划:黄维　整理:李岩)

关牧村：
树高千尺不忘根，还是原来那个"小关"

> **编者按：** "我从老百姓中走出来，我知道他们想看什么、想听什么，最理解他们的内心。每当我在台上演出的时候，看到他们那种眼神、笑脸，非常感动。我一直没有忘掉我当初从工厂出来的情感，工人师傅看着我说'小关你没变'，这句话就是最好的鼓励了。"在2015年人民网"回望文艺工作座谈会一周年——文艺名家话精神故乡"系列访谈时，歌唱家关牧村再度做客人民网。

  关牧村说，她是从车工成长为一名歌唱家的，这些年来一直不忘人民群众，"无论什么时候，树高千尺不忘根"。20世纪80年代初，关牧村和作曲家施光南一起奉献了一首首"高峰"式的音乐作品。对于如何打造新时代的"高峰"之作，关牧村认为："要能给大众一种既美又雅的感受，给人以启迪和精神上的满足，让人们觉得人间还有这么温暖的阳光，能够照到每一处角落。"

▶ 根扎深不怕摔，谷穗满不张扬

很多人都知道，关牧村是从一名车工成长为歌唱家的。1977年，关牧村被天津歌舞剧院录取，成为一名职业歌唱演员，多年来她始终保持着人民艺术家的本色，几乎每个月都要到基层慰问演出。对于文艺工作者要扎根人民，关牧村深有体会："我从业差不多四五十年了，就是从基层走过来的。我原来在厂里当了七年车工，下班了经常为工人师傅们演唱。无论什么时候，树高千尺不忘根，不能忘记我最根本的东西。"关牧村说，她来自群众，从基层的"土壤"里汲取了无穷的养分。"这些年来，我很多的精神鼓舞都是来自广大的人民群众。我们下基层能够给广大群众送去温暖、欢乐、歌声，我也能够在精神上得到很大提高。"

现在有一个流行词叫作"接地气"，关牧村便用接地气来表达她对歌唱事业之"根"的热爱。"我始终站在坚实的大地上，根扎得非常深，所以不怕摔。我要时时保持着清醒的头脑，知道自己要做什么，走一条什么样的路，不为一些表面的东西所动。"多年来，许多熟悉的工人师傅一直喊关牧村为"小关"，关牧村自己也非常乐于做一个永远不变的"小关"。

关牧村常用秋天的稻穗来自勉："你看饱满的稻穗都是沉甸甸的，低着头的，因为它不需要外在张扬的东西。人也一样，你的内心应该是不断学习，从与广大人民群众的接触中吸收很多好的营养。"关牧村说，当下社会诱惑太多，人心难免浮躁，都想走捷径，她呼吁文艺工作者信念不能动摇："我们那个时候真是慢慢成长起来的,像农家的粮食和蔬菜,现在都是施肥成长起来的,缺少成长的经历,缺少吸收大地的营养。所以,必要的经历还是要有的,这是必修课。我们都应该不断地从大地中吸取营养丰富自己,才能长成大树,将根扎深,才不至于被风刮倒。"

▶ 好嗓子重担子,输送精神食粮

在关牧村甜美的笑容和优美的歌声里,很多人看到了未来、希望以及很多美好的场景。关牧村则认为,观众喜欢一个歌唱家,不仅仅喜欢她的歌声,还喜欢她的人生经历、为人处事,只有做到台上台下一个样,观众才能打心眼里喜欢你、尊敬你。访谈中,关牧村首次讲述了几件让她终生难忘的故事。

有一次,她在塔克拉玛干沙漠慰问演出,中午要吃饭时,工人师傅围着要与她合影,于是她花了两个小时与大家一一合影。由于天气太热,很多人都是汗流浃背,就在关牧村专心致志签名的时候,一位工人师傅给她戴了一顶草帽,让她心里有种无法言说的满足感。还有一次在上海演出,一位老人家买了两张票,另一张给去世的老伴。老人家告诉她,老伴生前也是她的歌迷,所以买了两张票,哪怕座位空着。

"我觉得歌唱家能通过歌声给听众送去精神食粮和心灵安慰,很光荣,担子也很重。"关牧村说,上天给了她一副好嗓子,她一直有一种使命感和一颗责任心,竭尽所能将那些催人向上的作品、将中华民族闪光的东西,传承下去。

▶ 书籍中获滋养，敬佩保尔精神

访谈中，关牧村情不自禁地回忆起了已故作曲家施光南："我和施老师是 70 年代初认识的。他那时在天津歌舞剧院，而我在工厂当工人，有次我在歌舞剧院的琴房里演唱了他的几首作品，他说太好了，我就喜欢这种声音，不是完全洋味儿的，也不是完全民味儿的。当时他就给了我好几首歌，《吐鲁番的葡萄熟了》《月光下的凤尾竹》《补衣歌》《三月茶歌》。1984 年，施光南特意给我写了一首《假如你要认识我》。唱完这首歌以后，我收到了来自全国的好几麻袋的信，很多人写信说，我们想认识你。"

对于如何打造出时代的"高峰"作品，关牧村也有自己的见解。"我觉得高原多了还要有高峰，每个年代都要有不同的优秀作品，比如 80 年代初，就出现了包括施光南在内的一大批好作曲家，他们就是那个年代的高峰。但我们不能止步于此，现在社会变化这么快，我们要通过我们的作品给大众一种既美又雅的感受，让人们觉得人间还有这么温暖的阳光，能照到每一处角落里。"

对于书，关牧村也有着相当深的情结。关牧村说，在家里沏上一杯淡淡的清茶，捧上一本喜欢的书，会觉得特别幸福、安宁。从书中，关牧村不断得到滋养、鼓舞，一本书看下来时常会热泪盈眶。"我尤其喜欢哲理、人物传记、励志类的书。我最早接触的书是《钢铁是怎样炼成的》，我在工厂看了两遍，保尔·柯察金给我留下了非常深的印象。后来到俄罗斯的时候，我特地去了奥斯特洛夫斯基的墓，给了我巨大的精神鼓舞。"

（策划：黄维　整理：唐平）

徐沛东：作品有泥土性 生活给予最好养料

编者按："一个艺术家，如果离开了生活，离开了人民，将一事无成。"中国音协副主席徐沛东2015年做客人民网时感慨，文艺创作要扎根人民、扎根生活。徐沛东笑称，他的作品有很强的泥土性，他自己也非常反对不接地气的创作观。

▶ 文艺界树新风，浮躁现象铺张作品在减少

对于2014年的文艺工作座谈会，徐沛东有着深刻的记忆，彼时情景，甚至精确到很多细节。徐沛东还清晰地记得与会那天早上他原本打算着正装出席，可开会前突然接到通知，要穿便装出席，于是，他摘掉了领带，让西服配衬衫多了几分休闲和家常。在徐沛东看来，这次会议平实、平易。所谓平实，因为它内容丰富，形式平凡，甚至不像一个会议；所谓平易，习总书记与艺术家以交朋友的形式，亲切交谈，没有任何开场白，甚至没有一句套话。

时隔一年，再作总结，徐沛东一语以蔽之，"具有划时代的意义"。徐沛东认为，这次座谈会是一场具有"风向标"意义的文艺界盛会。在习总书记对文艺的社会功能、对时代的文艺工作者提出一番新期望之后，文艺界的整体发展上克服了很多浮躁现象。"那些浮华的文艺作品在这一年中少了很多，一些豪华晚会我们也见不到了。另一方面，在文艺创作上，似乎大家都在思考，怎样去创作出符合人们需求、符合时代要求的好作品。"徐沛东如此表达他的新观察。

▶ 作品有泥土性，《亚洲雄风》初衷：朗朗上口

"社会主义文艺，从本质上讲，就是人民的文艺。"习总书记曾在文艺座谈会上劝勉文艺工作者在创作时要扎根人民、扎根生活。对此，徐沛东深有体会。徐沛东16岁进入福州军区文工团，可以说，在从艺生涯的一开始，他就与最基层的官兵打成一片。"这样一种生活，我认为还是很符合习总书记对我们的要求，即扎根人民、扎根生活。当时我每年大约有三分之二以上时间是在部队海岛转来转去，为他们送去精神食粮。这样的人生经历对我个人思想品格的形成，以及在我整个艺术发展生涯里起着非常重要的作用。"

音乐家创作的源泉是平时生活的积累和感受。徐沛东曾说过，一个音乐家要写出佳作，必须扎扎实实地在生活中寻找切入点，在具体意象中发现美的火花。"我的作品应该有很强的'泥土性'，比较接地气。比如像写《雍正王朝》，有一句是'得民心

者得天下'，写的虽然是历史故事，但歌曲是唱给今天人听的，让今天人知道，得民心者一定得天下。"徐沛东说。一个人所处的时代和生活往往能给予创作者最好的养料，徐沛东反复告诫自己，不能脱离时代，脱离人民，"一个文艺家，如果离开了生活，离开了人民，你将一事无成"。

徐沛东的代表作之一、1990年亚运会宣传曲《亚洲雄风》就是这样一首群众歌曲。谈到这首传唱20多年仍经久不衰的流行歌曲，徐沛东娓娓讲述了其创作历程："有很多文艺评论家、理论家把《亚洲雄风》分析得很伟大。可我当时没有想这么多，比如说它的和声进行、节奏进行、语言进行。我当时第一考虑的是这首歌是群众歌曲，人人能唱上一句，旋律简单，反复出现，再加上歌词'我们亚洲'，有一种认同感和自豪感。"

▶ 不因成绩沾沾自喜，《刻骨铭心》再写和平

在徐沛东的音乐作品中，"不炒冷饭""不走寻常路"是一大鲜明特色。纵观其作品，从早期的《篱笆墙的影子》《亚洲雄风》，再到近年来的《爱我中华》《大地飞歌》《中国永远收获着希望》等，无不在继承传统中翻出新意，从而获得了人民群众的高度认可和喜爱。

"你不能沿着人家的路走你的路，你要通过别人的优秀创作思想开拓你自己的路。音乐就七个音符，但它能够不断反映人的喜怒哀乐，我们首先要尊重，再去学习分析，然后把它变成自己的思想，再去前行，这才是一个创作者的追求。"徐沛东说，躺

在过去的成绩上沾沾自喜没多大意思，要向前方看，创作者的可贵之处正在于此，"也许到七老八十，你的激情灵感下降了，但是你仍然有这一颗心，也会迸发出很好的音乐乐思"。

为纪念中国人民抗日战争暨世界反法西斯战争胜利70周年，徐沛东创作了一首新作品《刻骨铭心》。这首歌，由徐沛东亲自演唱，他在歌曲中添加了很多新意。"和平不是喊出来的，是要做出来的。"徐沛东进一步解释说，"我在写的过程中是含着泪的。作为中国人，作为中华民族的子孙，怎样去看待这段历史，我觉得这也是我们文艺家要思考的。尽管70年来留下很多优秀的反法西斯歌曲，但是今天我们应该有自己的作为，所以我写了这首《刻骨铭心》。"

（策划：黄维　整理：唐平）

董卿：千万不要把我神化了，我也累到哭过

编者按：2017年春，文化类节目《朗读者》热播。5月的京城，大雨过后，没有炙热的暑气，气温清爽宜人。下午不到1点，我们早早来到梅地亚中心茶室，架好机器，打好灯光，等着《朗读者》研讨会结束后专访董卿。没承想，研讨会严重超时，开完已晚上八点，专访还能不能做？我们心里开始打鼓。出乎意料的是，送完嘉宾、稍作休整的董卿，还是如约赶到采访间。一身简单大方的白裙，美得清爽隽永。正如她的节目《朗读者》一般，让人内心清净，仿佛夏日里的一股清流。因为事无巨细，亲力亲为，董卿的面容实在有些疲倦，但一面对镜头，马上又浮现出我们熟悉的笑容，正如她专访里提到的"永远把最好的状态留给观众"。

▶ 忆最困难的时候：我也累到哭过，也动摇过

主持人：作为制作人兼主持人，当初您坚持做这档节目的初心是什么？

董卿：我也动摇过，累到哭过，或者急到吼过，只是大家没

有看到我的这一面而已。我也有很不堪的那种状态，但我没有放弃，是多少觉得自己还有一份责任。

我是一个理想主义和现实主义结合得比较好的人，能在这两者之间找到平衡。就像我在节目中说到的，其实所谓的勇气，是你在认清了生活的真相之后依然热爱它。所以，在所有让你焦虑、纠结、崩溃的事情背后，你还是要明白，最终的彼岸是什么？你想要达到的目的是什么？在拨开一切乌云和荆棘之后是什么？如果你坚信这一点的话，你还是能获取一些力量的。

主持人：最困难的时候您想到了什么？

董卿：最困难的时候，我也会想"为什么要做这件事情"，也会长出很多白头发，形容枯槁、不修边幅，天天披头散发、素面朝天。所以我经常说，我把最难看的一面留给了我最亲密的合作伙伴，把我最臭的脾气留给了他们。我特别感谢他们愿意承受、分担我的这种焦虑，或者承受我的这种急躁。

▶ **董卿的自我评价：大家千万不要把我神化了**

主持人：您在节目中展现的学识、修养及个人魅力令人折服，您曾说您是属于舞台的。这21年主持生涯馈赠给您的是什么？

董卿：我只是很幸运地遇到了这样的时机，很幸运地在某些方面具有一些天分，同时又很幸运地遗传了我父亲的一些性格。

我父亲是一位老新闻工作者，他是特别刻苦和勤勉的人，也特别笃信靠努力改变命运，这些都流淌在了我的血液中，成为我的基因。我的天性当中有比较好强、刻苦、勤奋努力的个性，加上后天我遇到了这样的机遇，能够使我成为电视从业者，再加上长期的积累和思考，才有了今天的爆发。

主持人：因为《朗读者》，董卿又火了！您怎么看大家对您的评价？

董卿：我一直说，大家可千万不要把我神化了。我现在也看到了很多大家在微信里转的文章，有些可能是实实在在的，也有一些不排除是跟风的。我觉得我还是比较冷静客观的人，自我评价，我从来不认为我是什么天才，更不是什么全才。

主持人：您觉得作为一个优秀的文化电视主持人应该具备哪些素质？

董卿：作为主持人，我个人认为首先应该是真诚的，真诚地去感受自己、感受对方、感受这个世界。这是第一点。

第二点，你必须永远敏感，而敏感的前提是你相对比较纯净，越是纯净的人越会对周遭的事物有比较单纯的看法，能触动到他的内心。

第三点，还应该是一个善于思考的人，可能我们很多主持人也是一台一台节目地做，为什么有些人在10台、20台、100台节目中就成长蜕变了，有些人可能还在原地？那些成长的人往往是会思考的人，思考"我是谁""我能做什么""我想做什么""我未来的方向是什么"，这个很重要。

当然，最后，作为主持人，你还应该是一个善于表达的人。

很多人会思考，也有思想，可能因为不善表达，也不具备主持人的先天条件。

▶ 谈《朗读者》第二季：想邀请李安导演

主持人：每期《朗读者》的卷首语都给观众留下了深刻的印象，您如何给自己的未来写一段卷首语？

董卿：我留白吧，因为未来永远不可预知。而且你足够勇敢的话，它可能比你写成的卷首语更精彩；如果你退缩了的话，你写再多的卷首语也没有用。

主持人：《朗读者》这么多期主题，您最喜欢的是哪一个？为什么？

董卿：我都很喜欢。12期的主题词可以说高度浓缩了人生况味，每个主题词都有特别饱和的情感浓度在里面。要说有没有特别的，应该是"遇见"吧，它有着特殊的含义，是一个开篇、一个开始。

主持人：接下来第二季您希望哪些人出现在舞台上？

董卿：我倒是很想听听观众的意见。在《朗读者》研讨会成功举办后，我们也会听取专家学者的意见，好好沉淀一下。其实，大家之前一年多都是忙着"低头拉车"，到一定时候也需要重新梳理、疏通、疏导。希望哪些人出现？我心中有一些特别理想的人选，但是这期我没有能够请到他们，因为各种原因，我希望下一期能够实现。

主持人： 能够说说他们是谁吗？

董卿： 有一些是大家认识的，有一些可能是大家不认识的。比如说我特别喜欢李安导演，他是我自始至终就特别崇拜欣赏的一个人，而且我觉得他那么儒雅、丰富、深厚、宽广。所以，我特别想知道，如果他来了，他会选什么来读给我们听呢？是他曾经拍过的那些电影吗？小说吗？还是什么在他人生当中留下印记的？

▶ 作为母亲很惭愧，陪孩子的时间太少

主持人： 我们知道您每天会有1个小时的阅读时间，作为妈妈，您希望给自己的孩子培养怎样的阅读习惯？

董卿： 我真的很惭愧，陪他的时间太少了。我都没有资格去说我有什么样的教育心得，一个是他太小，我也没有经验；二是我实在是时间有限，在这方面做得很不怎么样，我可能每隔两周、三周，甚至更长时间才能见到他一次，每次见面可能也就两三天，最多四五天。有个假期的话，我也不想在那几天时间里扮演一个严厉母亲的形象，我怕他跟我更疏远。

我也觉得我爸爸妈妈隔代宠溺有点儿小问题，我就老说我爸："我小时候，你对我那么严厉，你那种劲儿都去哪儿了呢？"现在小朋友经常会动手打人，我爸说："打就打吧。"我说："你们拿出那种对我的架势来啊。"我也知道这样多少会有些问题，可是我也身不由己,所以我暂时没有资格谈教育心得。

当然,未来我觉得我要教会他的习惯里,一定有一种是阅读的习惯,这是最起码的一点,因为这是在我们家庭基因里的。

结语:采访完走出梅地亚,已近夜里十点。初夏晚风徐徐,带着淡淡花香,董卿今晚终于可以睡个踏实的好觉了吧。老友白岩松在录制的 VCR 里关切地喊话——"董卿:现在你要做的就是赶紧好好休息。"

是的,愿来年在第二季的《朗读者》中,我们将遇见更好的董卿!

(采访:黄维、陈苑、王天乐)

十问吴京:"战狼"是如何炼成的?

编者按: 2017年中国电影市场的关键词,非《战狼2》莫属。这部由吴京导演并主演的现象级电影,最终以56.83亿票房的成绩圆满收官。《战狼2》如此火爆,吴京却谦虚地说是因为"运气":"这把'干柴'已经埋好了,我只是点了一个'火种',《战狼2》能火起来,是所有观众自己'烧'出来的。"人民网带你走近吴京,听他聊聊这部"用命堆砌起来"的电影。

主持人: 如何评价《战狼2》?有没有不满意的地方?

吴京:《战狼2》有缺点,我们还要继续向国际一流的大电影学习。如果让我重新拍一次的话,我会重新设定片中工厂的地理位置。还有,拍摄的时候坦克漂移我还没有玩爽。

记者:《战狼2》刚上映时,您曾说您对观众有信心,这份信心来自哪儿?

吴京: 我对观众一直有信心,我觉得爱国主义情怀是在每个中国人骨子里就有的。咱们国家在世界的影响力越来越大,人民生活水平不断提高，中国的强大是世界公认的事实。我相信网友们和我一样，都希望自己的小家富裕，都希望国家更强大。这把"干柴"已经埋好了，我只是点了一个"火种"，《战狼2》能火起来，是所有观众自己"烧"出来的。

记者：观众一致赞美，票房持续走高，有没有给自己泼泼冷水？

吴京：我老给自己的团队泼冷水。尤其是票房一路走高的时候，我说你们要冷静、冷静、冷静。因为你期望越高，一旦达不到自己的期望，心里就会有落差。所以我也要给自己泼泼冷水，一心想着破票房纪录，破不了纪录怎么办？别人对你的期待值不同了，但是不能因此就逼自己，我绝不犯这个傻。所以事情走到一个新的高度，都要承受各种各样的压力，"胜敌须谦怀，平和悦人心"，我们都应该脚踏实地生活，用平常心面对成功。

记者：大家都说，电影中的吴京就像开了挂一样。这么拼，动力是什么？

吴京：我没有退路，只能拼了。我的电影是一个镜头一个镜头，用命堆砌起来的。我们遇到了太多的困难，如果在这个过程中，我先选择畏缩和后退，整个团队也就没有士气；如果我对电影选择了"凑合""也行"，连我自己的标准都达不到，观众会买账吗？在战场上，谁最先死？就是犹犹豫豫的人。"狭路相逢勇者胜"，既然没有退路，我就用冲锋的心态，带着团队往前走，这就是我的性格。

记者：作为演员，您的底线是什么？

吴京：只要别死了就行。

记者：您的电影《狼牙》《杀破狼》《战狼》都有"狼"字，您和"狼"有什么特殊情缘吗？

吴京：关于"狼"的情缘，以前我看过一本书叫《狼图腾》，这本书很吸引我。狼对敌人残忍，对同伴忠贞，当伴侣死后它终身不会再找另一匹狼，还有它的智慧、对朋友的关心等等，特别能体现中国军人的感觉，也是我特别喜欢的性格。

记者：《战狼2》的票房目前已经突破30亿了，您内心最大的感触是？

吴京：得到现在的票房成绩，并不是我吴京个人的本事。《战狼2》契合了建军节这个时间点，点燃了人们对国家以及军队的敬仰与热爱。但是整个来讲，是我运气好。为什么呢？我们赶上了一个好年代，赶上祖国正强大崛起，赶上人人心里都有"中国梦"。大家都希望有爱国情绪的表达渠道，我只不过稍微调整了一下表述的方式，没有用过去那种"喊口号"的方式来告诉大家而已。

记者：《战狼3》会在什么时候上映？

吴京：不知道。现在更多的压力来自后面的电影该怎么拍。因为各种各样原因，我们把原来《战狼3》的剧本变成了如今的

《战狼2》,等于现在要把原来的2变成3。但目前就观众喜爱的程度来讲,压力非常大。这一次戳中观众喜爱的东西,下一次并不见得你还能抓住这个东西,只能说继续努力吧,继续拿诚意来面对观众。

记者:最喜欢粉丝用什么词来评价你?
吴京:真诚,不装。

记者:您接下来最想做的是什么?
吴京:接下来的主要任务是养伤,陪陪我家人,我儿子都快不认识我了。此外,我想再琢磨琢磨剧本,学点儿东西,很多东西感觉已经不够用了。

结语:"战狼"是如何炼成的?"用命换来的",这是吴京在接受媒体采访时经常提到的一句话。打戏从来不用替身的吴京,拥有令人钦佩的职业精神、不服输的拼搏意志,一步步成长为铁血硬汉,炼成如今这匹充满激情与热血的"战狼"。

2014年,正在拍摄电影《战狼》的吴京双腿严重受伤,在与谢楠结婚时,都是拄着拐杖去的。拍摄《战狼2》时,吴京更拼了。他苦练军事技能,甚至亲身上阵驾驶坦克并完成漂移,影片中惊险刺激的爆破场面背后,是更令人感动与揪心的涉险拍摄经历。影片开头有一段"海水中的激战",在拍摄这段长达6分钟的一镜到底的长镜头时,吴京差点儿丢了性命。为完成这个画面,他在3天内练会在水下无辅助工具待3分半钟的技能,有两次还遇到了生命危险。在拍摄射击戏份时,吴京的眼睛被碎石擦到了;在拍打戏时,吴京要求动作指导用力踢自己的头部,拳拳到肉,观众大呼吴京"太拼了"!

从全国武术冠军到"武打明星",再到如今"燃爆了"的"战狼",吴京用搏命的演出,赢得了超高的口碑,获得了观众的掌声!

(策划:黄维　整理:蒋波、陈苑)

张嘉译秦海璐何冰：
经典《白鹿原》为何经久不衰

编者按：文坛巨匠陈忠实先生的"枕棺之作"《白鹿原》终于被搬上了荧屏。这部"十六年磨一剑"的电视剧，呈现了原汁原味的旧时代农村风貌，一帧帧油画般精致的镜头，让这部史诗剧获得极高口碑。主创团队怎样完成文学作品到电视剧的改编？他们面临了什么困难，又如何克服？近日，记者采访了《白鹿原》中饰演白嘉轩的张嘉译、饰演仙草的秦海璐、饰演鹿子霖的何冰，细说拍摄过程中的台前幕后。

记者：如何理解自己在剧中的角色？

张嘉译：《白鹿原》是一部伟大的作品，能演白嘉轩非常荣幸。白嘉轩刚正不阿，性格中倔强、刚直、耿直的品质是非常吸引人的。

秦海璐：陈忠实先生给她起名叫"吴仙草"，其实就是"没有"的意思（世上根本不可能有吴仙草这样的女人）。仙草是白嘉轩的一剂"灵药"，是来救他的。人们说，"仙草来了，原上就会有白鹿来"。如果白嘉轩不是神仙，是一个人的话，那他需要在经历欣喜、鼎盛、疯魔,甚至落寞和低谷的时候,都有一个人来陪他,而这个人就是仙草。

如何让白嘉轩意识到自己的生存状态,让白嘉轩秉承一个农民的本性继续在原上守护着他想要的一片净土,仙草起着至关重要的作用,她有着中国传统女性的美德,也依附于她的男人、仰望着她的男人,但却不盲目地崇拜这个男人。在某场戏中,白嘉轩问仙草:"我是不是疯魔了?"仙草看着他只是笑了笑,仙草说:"你会好起来的。"她不会去否定他做的事,也不会直接告诉他:"你是不对的。"

对于这样一个智慧与善良并存的女性,在旧社会到底有没有?其实谁也不知道。白嘉轩第一次流泪是在仙草死的时候,他一直说"不能呀,不能呀",到底"不能"什么?因为他已经不能离开仙草了,离不开对仙草的那种依赖。这就是陈忠实先生为什么叫她"仙草",是他的一个期许。她和田小娥不同,田小娥是另外一种女人,她们之间形成了鲜明的对比,是虚幻和期许的对比,是现实和残酷的对比。

何冰:我觉得"鹿子霖"是一个极其正常的人。他确实做了很多不好的事,可他的初衷是好的,你不能说他是个坏人。他的身份是一个地主老财,但那时候的农民谁不想发家致富呢?所以,有时候他会有点儿不择手段。可以说,鹿子霖是各种欲望、矛盾的结合体,这也是这个人物最大的特点。他不是心不向善,而是他不相信人心会向善。

而他最可爱的地方,也是我最喜欢的地方,就是简单。他觉得自己很复杂,但实际上,他用的那些招儿谁看不出来?他和白嘉轩不是一路人,但遇到困难时两个人会共同面对,所以,我们不能用一个简单的好坏来评论这个人。

记者:为了拍好《白鹿原》,大家都去农村体验生活,感受如何?

张嘉译:正式开机前,我们十几名主要演员去陕西农村进行为期20多天的体验生活,男的学锄地、割麦子、扬场,女的学织布、擀面、烧火。农村男耕女织的农村生活让演员们好像又回到当年的关中故里,对角色的领悟也更加透彻了。

何冰:体验生活真的非常有用,我们跟着当地人干农活,跟老乡们探讨生活细节。尽管只体验了20多天,但在后面很长的一段拍摄时间里,我们一直浸泡在这个角色中,浑身都弥漫着那个人物的时代气息,所以体验生活对演员表演非常有帮助。

秦海璐:对我们来讲,体验生活这不是第一次,现实主义题材的戏其实都需要这样做。《白鹿原》的体验生活很特别,场面非常"壮观"。没有一个人不参加,男同志牵着牛、扛着锄头在地里吭哧吭哧地暴晒、干活。女同志坐在家里纺线,你纺15分钟,她纺15分钟,轮流着来,跟上课一样,像这种体验生活其实是很少的。

记者:你们印象最深的一场戏是什么?

何冰:比如"祈雨"那场戏吧。好不容易所有人爬上去了,导演又告诉我们要重拍,因为那天爬上去的只有800多人,但导演说"不行,我要的是1000人",当时给我们气坏了,800人和

1000人能有多大差别？但导演就说不行，必须重来。等中午吃饭的时候更壮观，因为我们选的景正好在一块高地上，旁边就是沟壑，特别深，人很容易掉下去，非常危险。但是1000多人就都在那小块平地上一起吃饭，那个场面，你见都没见过。

秦海璐：黑娃来找白嘉轩的那场戏。他问，到底是谁杀了他的女人，鹿三儿站出来说"是我杀的"。那是半夜，当时白鹿原几个月没下雨，在咔嚓一声响雷下，噼里啪啦地开始掉雨点。当时我们每个人只穿了一件单衣，就站在原地淋雨，冻得连台词都说不出来，但所有人都咬牙挺过来了。还有一场戏，当时我们转战山西拍戏，零下20多度，每个人只能穿一个小坎上戏，走在村口时，那山风吹得根本受不了。这是我从影20年来演的最苦的戏了。

张嘉译：太多了。我只能跟大家说，我们忠于原著中每个人物的表现形式，让每个人物都生动地呈现在每位观众的眼前。

记者：和陈忠实老师有过交流吗？

何冰：有过一面之缘。在演话剧《白鹿原》那会儿，因为陈忠实先生非常重视这部话剧，所以亲自到剧场拜托大家，我亲耳听到他对大家说："拜托了，拜托了！这将是我的枕棺之作！"并给每个演职人员鞠躬。那会我在剧组，虽然角色没有定，但有幸得到了陈老先生亲笔签名的《白鹿原》，当时我们接过那本书，感觉压力都很大。

秦海璐：我没有直接和陈老有过交流，交流最多的应该是我们的编剧和导演，我们对人物的演绎，也是完全按照剧本来的。

我记得我当时和编剧探讨过，为什么仙草这个角色就不能像《大撒把》里那样演出西北女人的豪爽？编剧说，在书中没人知道仙草的真实出身，因为她是逃荒来到白鹿原上的，所以她的身份一直是个谜。

陈老先生生前一直很想来拍摄现场看看，我记得当时他总跟编剧说，等我过了这段时间好点儿了，我就去原上看大家。但到最后晚期了，他已经说不出话了，其实挺遗憾的，一直到最后，陈老先生也没有看到这个戏的片花，但我们所有演员都倾尽全力在诠释片子里的角色。我想，陈老先生会满意的。

六小龄童：
从"西游记"中收获信仰，后半生将传承猴文化

编者按：在文艺工作座谈会召开一周年之际，人民网文化频道推出"回望文艺工作座谈会一周年·文艺名家话精神故乡"系列访谈，2015 年 9 月，表演艺术家六小龄童做客人民网，畅聊座谈会后的感悟与践行，分享"精神故乡"与人生信仰，并呼吁大家尊重民族文化，不要"恶搞"经典。

▶ 传播西游文化，走进校园"先讲后演"

回忆起习总书记在座谈会上的重要讲话，六小龄童感触颇深："习总书记在座谈会上谈到了《西游记》，提到了玄奘大师，他认为玄奘大师西天取经的精神正是中华民族不屈不挠、永不言败的精神。"六小龄童坦言，作为"西游文化"的传播者，感到肩上压了沉甸甸的担子，"习总书记在座谈会上强调，民族的就是世界的，必须坚持对中国精神的传承和弘扬"。

在文艺工作座谈会之后，六小龄童先后走进英国牛津大学、伦敦大学，法国巴黎第六大学等国外高等学府讲演"西游文化"，他直言："国外的观众只知道《西游记》里有个受人喜爱的'美猴王'，但并不了解其身上体现了中国人民的智慧、理想、信念和追求。"如何更好地传播"西游文化"？六小龄童笑称："从字面理解，我是名副其实的'讲演'，每次都'先讲后演'，现场演绎'美猴王'的喜怒哀乐，讲解猴戏表演中的手、眼、身、法、步五种技法，希望通过言传身教，让世界各国人民了解并认可中国传统文化。"

六小龄童还透露，根据《西游记》改编的3D电影《敢问路在何方》已正式启动，该电影由他身兼主演和艺术顾问。"希望通过这部电影，让世界观众感受到中国传统艺术与西方高科技的完美结合。"六小龄童强调，在中美合作期间，要向美国学习优秀的推广理念、先进的技术手段，但孙悟空的造型、《西游记》的主要故事情节不会变，要展现中国独特的猴戏艺术，传承和弘扬中国传统文化。

▶ 从《西游记》中收获人生信仰，后半生将传承中国猴文化

六小龄童与《西游记》有着不解之缘，因哥哥小六龄童的离世，他成为"猴王世家"的第四代传人，后来又因参演《西游记》获得巨大成功而家喻户晓。《西游记》对于六小龄童来说，不仅仅是一部让他声名远扬的电视剧，还代表了一个家族百年来对"猴戏"艺术的追求，更是他精神上的故乡。"吴承恩以《西

游记》名垂千古，但其实他的书法、诗词、绘画都非常好，为何只有《西游记》流芳百世？"六小龄童总结出7个字：一生做好一件事。而把一件事做好的前提，则在于坚持，"硬向西去一步死，绝不东归半步生"。

"坚持"成了六小龄童的人生信仰。自1982年至1998年，在《西游记》拍摄期间，唐僧换了3个演员，猪八戒和沙僧各换了2个演员，只有孙悟空始终是六小龄童。在长达17年的拍摄期间里，六小龄童也在经历人生的取经之路，遭遇了各种困难与打击，但内心深处始终有个声音在告诫自己，要坚持下去。"我不断学习武术、猴拳、猴棍等，研究如何演好孙悟空，广拜名师，加深对传统文化的了解。"他直言："我们每个人都是西天取经的行者，都要历经人生的九九八十一难，只要坚持努力，就能取得真经，成就自我。"

"如果我的前半生是在传承中国猴戏艺术的话，我希望后半生是传承中国的猴文化。"在六小龄童看来，《西游记》给人带来正能量，尤其是"美猴王"乐观向上的精神，在现代具有积极意义，"我把吴承恩先生、玄奘大师生平的事迹，以及梁启超、胡适、鲁迅等名家对《西游记》的评述，整理编写了典藏版《西游记》；专门为学龄前的孩子们编写了《听孙悟空叔叔说西游》一书；还有《六小龄童品西游》一书，分享了17年演《西游记》的感悟、章氏家族四代'猴王'的经历，以及《西游记》中蕴涵的人生智慧与生活哲理。"

▶ 反对恶搞经典，呼吁文艺创作要有道德底线

"低俗不是通俗，欲望不代表希望，单纯感官娱乐不等于精神快乐。"面对《西游记》被恶搞的现象，六小龄童直言，"我当然希望《西游记》的故事与'孙悟空'的艺术形象百花齐放，但'改编'不是'乱编'，'戏说'不是'胡说'。文艺工作者在创作时，要有道德底线，不要恶搞经典，亵渎原著。"他认为，在互联网时代，文艺影视作品对大众影响甚大，尤其是对青少年观众的影响不容忽视，"希望创作者传播正能量，引导青少年树立正确的历史观、民族观、文化观"。

"有一次讲演完，一个小朋友问我，孙悟空到底有几个女妖的朋友啊？"六小龄童对此提问深感痛心："此前某版本戏说西游剧中，孙悟空和白骨精竟然谈起了恋爱，孙悟空称白骨精'精精'，白骨精叫孙悟空'空空'，这样的版本就是人妖不分，是非颠倒；孙悟空代表正能量，需要弘扬，而白骨精象征假恶丑，需要抨击。"他认为，此类恶搞影视剧传播越广，危害越大。"创作者不要恶搞历史人物、民族英雄，以及象征正能量的神话人物，要尊重中国传统文化，只要是'精品'，一定会受到一代又一代观众的喜爱。"

（策划：黄维　整理：王鹤瑾）

翟俊杰：三拍长征，常拍常新

编者按：一拍《金沙水拍》，讲的是毛泽东和身边人的故事；二拍《长征》，首次全景式展现中国工农红军长征历程；三拍《我的长征》，从一位红军小战士的视角侧面体现长征精神。创新、突破、超越，是导演翟俊杰拍长征电影时给自己定下的目标。2016年翟俊杰做客人民网时坦言，12年间他三拍长征，多次重走长征路，用三部扎实的作品实现了对自我的超越。

主持人：翟导，您一直拍主旋律电影，特别是军事战争片，三拍长征，每次都有哪些突破或不同呢？

翟俊杰：在每部影片中，我都贯穿六个字：创新、突破、超越。一拍长征，是90年代初期拍摄《金沙水拍》，讲的是长征途中毛泽东和他身边人的故事；二拍长征，全景式展现红军二万五千里长征历程，也是我请唐国强第一次扮演毛泽东；2006年三拍长征——《我的长征》，毛泽东、周恩来等领袖人物退居配角，一个不谙世事的红军小战士瑞伢子成为主角。

主持人：您的三拍长征，每次都有新角度。那时候请唐国强出演《长征》的主角，还引起了不小非议，有人说不像。

翟俊杰：当时，唐国强还没当上"主席专业户"，大家觉得他是"奶油小生"。消息一出来，有很多质疑。我觉得，以前演毛泽东的演员都取得了他们的成就，但如果老是他们演，新片会有陈旧感，要是陷入模式化表演，就更糟糕了。所以我想推出一个全新的毛泽东。从年龄上看，唐国强和长征时的毛泽东一样，都是40多岁。唐国强身高一米八，接近毛主席，长相上也有造型的可能性，比以往的演员更神似，而且他的文化素养较高，喜欢读书，尤其是史书。最后一点，他跟毛主席一样，都喜欢写毛笔字。

主持人：从那部角色后，唐国强也被认定为非常接近毛主席的形象，不仅仅因为他的外形，外形可以用很多技术手段，包括化装造型，而是他的那种气质，透露着一种霸气的感觉，这是特型演员很难诠释出来的。

翟俊杰：角色一定下来，唐国强和全体演员都开始认真学习党史、军史，同时苦练"毛体"。当时还舍不得用宣纸，都是在旧报纸上写，满屋都是墨香。谁向他要字，他都愿意写，就连门口卖担担面的老乡请他写字，他也乐呵呵地答应。毛泽东的鼻子比较圆润，八一电影制片厂化装师泰斗颜碧君就给唐国强设计了一个微型弹簧圈，一放到鼻腔里，立马就像了。

主持人：您刚才说到推陈出新，要用一种全新的创作思路去拍，不仅能让中国的观众能够喜爱，可能更容易走到国外观众的心里。

翟俊杰： 首先电影是给中国观众看的，如果能走出国门，我觉得也是好事，让更多外国观众知道中国电影的发展，写一个基层小人物，通过领袖人物来表现，也是好的。文无定式，关键是怎么能增强它的艺术感染力，怎样拍新颖，那就怎么做。

主持人： 很多国外大片里都是一个英雄带着一波人战斗，其实这些小人物就是中国的这些英雄，历史上千千万万的这些。

翟俊杰： 中华民族最崇尚英雄，中华文化从古以来说，富贵不能淫，贫贱不能移，威武不能屈；先天下之忧而忧，后天下之乐而乐；人生自古谁无死，留取丹心照汗青。它始终坚持昂扬向上的价值观。长征精神，不是说教，许多外国专家、记者都在研究长征，为什么？因为他们觉得中国工农红军太厉害了，饥寒交迫，装备差，居然如此英勇顽强。这实际上弘扬的就是英雄主义，长征是中华民族优秀品德最集中的体现。

主持人： 作为一名军人，如果不是您有军旅生涯的经历，不会支撑您一直拍军旅题材和革命题材走到今天。

翟俊杰： 今年是我当兵56周年了，从17岁当小娃娃兵。

主持人： 那时候去西藏。

翟俊杰： 对。我真是幸存者，有的战友二十多岁就牺牲了，永远长眠在那里。他们实在没想到多少年以后，小翟那个大小子居然当电影导演了。

主持人：您在拍电影的时候会不会想到您的老战友，这些角色中会不会有您战友的原型？

翟俊杰：不是原型，而是很多战友的回忆、他们的事迹，以及这种深刻的感悟。包括战争场景，我老用一个词，要像战争的形态。我参加过战争，不管炮弹还是手榴弹爆炸，它呈放射状，不是轻轻一个蘑菇云飘起来了。为什么要卧倒？卧倒成死角，弹片不会伤到自己了。包括战士们的心态、状态，战场上会那么干净吗？战士们怎么会那么干净？粗布衬衣那么白？包括绷带，再久远之前长征时，没有那么多新绷带，都是洗完再用，有的发黄，上面的血迹还有黄印，这些细节都能让战争更加真实、更加震撼。

主持人：之前很多网友吐槽，影视作品艺术化的同时要接近现实，尊重生活。

翟俊杰：生活是艺术创作源泉，亘古以来的真理。刚才我说了，一切都是为了更加真实，如果一个艺术不真实，它的艺术价值就荡然无存了。要真实。

主持人：您觉得一部好电影，需要具备哪些关键元素？

翟俊杰：主要还是打磨剧本，把剧本弄成熟，再投入拍摄。同时也要重视数字特技，数字技术可以极大解放我们的艺术想象力，过去只能是想象，不能体现出来的，依仗数字技术可以制作出具有视觉冲击力的画面，好看。但是技术是为内容服务的，如果脱离了内容就是炫技，和玩电子游戏一样高兴。我们应该思考如何提升文化内涵、制作水准，这是中国电影最重要的一个课题。

主持人：您作为老一辈导演，有那么多名作，您对中国电影人或者中国电影事业有何期许？如何用电影艺术讲好自己的故事，让更多国人甚至外国人喜欢我们的电影作品？

翟俊杰：讲好中国故事，概念化、模式化不行，要讲究艺术性、观赏性，先进模范人物也可以讲得很生动，喜剧、惊险、打斗、武装、爱情都可以拍得更细腻。未来寄托在年轻一代导演身上，我们现在通过各种举措，扶持青年导演给他们创造平台。我对国产电影充满了信心，惟其艰难，方显勇毅；惟其磨砺，始得玉成。

刘震云：趣谈"吃瓜时代"，自谦写作初学者

编者按："我不是个幽默的人，我写的句子特别朴实，有什么说什么，没有虚张声势和装神弄鬼。可能事情本身幽默，更幽默的是事情背后的道理。"从《一地鸡毛》《手机》到《我不是潘金莲》，看过刘震云作品的读者一定会为其中的幽默色彩吸引，而他本人却这样评价自己的"刘式幽默"。

继 2012 年出版长篇小说《我不是潘金莲》后，刘震云的新作《吃瓜时代的儿女们》暌违五年终于出版。记者近日专访这位国内文坛的"幽默大师"，听他说写作、谈电影、聊生活……

▶ 谈新书："吃瓜"是一个时代特征

记者：《吃瓜时代的儿女们》题目颇有趣味，请问您为什么想到给书起这样的题目呢？您是如何看待"吃瓜时代"的呢？

刘震云："吃瓜时代"是一个网络用语，将围观、凑热闹等联系在了一起。这个词体现了互联网时代的一个特征。在过去发生

一件"吃瓜"的事,有可能是一个村儿、一个县的人知道。而现在,有趣的事往往在全国范围内传播,乃至全世界,这是新时代产生的一个词。"吃瓜"的人往往是看热闹不嫌事儿大,而且参与的程度特别深。

记者:您觉得这部小说和您之前的作品相比有什么特别之处吗?

刘震云:这个故事像大海一样,虽然看起来波澜不惊,但下面的涡流和潜流是我以前小说里面不重点呈现的,呈现的是藏在幽默背后的另一重幽默。

过去的小说主要写了些显见的东西。《一地鸡毛》里的主人公小林一天是怎么生活的;《1942》中300万灾民是怎么饿死的;《我不是潘金莲》中主人公怎么样一层层告状,又被阻止的。这部作品中的"吃瓜群众"并没有出场。读者其实是这本书的主角,这在过去的作品中是没有出现过的。

▶ 谈写作人生:我只是写作初学者

记者:您的作品一直在关注着"小人物"的故事,塑造这些人物的灵感从何而来?

刘震云:我就是一个"小人物",而且我也不觉得这个世界谁是"大人物"。我在《一地鸡毛》里写过,小林是个普通的小市民,他并不觉得世界上显赫的人、首脑会议是重要的,他觉得家里豆腐馊掉了是重要的。

记者：您平常在创作时是怎样的状态？

刘震云：我的写作刚刚开始，只是初学者。这话不是虚伪，仅仅是对于写作，我刚刚琢磨出一些新的滋味。

记者：大多数读者对您作品的评价都是"幽默"，您认可这个评价吗？

刘震云：我不是个幽默的人，我写的句子特别朴实，有什么说什么，没有虚张声势和装神弄鬼。可能事情本身幽默，更幽默的是事情背后的道理。

记者：您认为写作的精髓在于什么？

刘震云：写作不用形容词就能把作品写出来，就好比一个女孩，不准化妆，素面出来，这才能看出真本事。托尔斯泰、陀斯妥耶夫斯基等作家写作的真功夫要大于那些后现代和魔幻现实主义的作家。

▶ 谈影视改编：比起文学，影视更像头豹子

记者：您曾说"影视对文学作品的推广功不可没"，在您看来，影视和小说有何区别？

刘震云：许多作家的作品都被改编过，影视作品的传播范围和速度确实比纸质的媒介要快得多。国外开始了解中国的一些小说，影视作品也起到了很大的作用。

小说的语言系统和影视的语言系统是非常不一样的。影视重视显性的东西，要有演员的表演和具体的场景，信息递进的速度也特别快。如果说影视是一头豹子，那小说则更像是一头大象。

记者：您认为小说成功改编电影的关键是什么？

刘震云：小说改编电影的关键还是要有好的导演。好的导演是最重要的，因为他的目光可以看到别人看不到的东西。

▶ 谈生活：重读经典，热爱跑步

记者：您最喜欢阅读什么类型的书？可以推荐给大家吗？

刘震云：最近在重读一些经典的文学作品，国内的唐诗、宋词，国外作家海明威、加缪的作品，另外还读了一些哲学方面的书。每一次读完这些经典感受都不一样，有的书看起来很薄，作者想要传达的观点却很丰富。

记者：闲暇时间您喜欢做些什么？

刘震云：这个全国人民都知道我喜欢跑步，清早我能跑大概两个小时。

记者：您个人更喜欢在城市还是农村生活呢？

刘震云：我经常回老家。我觉得在家乡不但是对我来说物质的滋润和滋养，包括睁开眼睛村庄里听到的全是河南话，包括村里人走路的样子和表情,对我都有非常深刻的印象,能影响我的世界观和方法论。

(策划:黄维　整理:汤诗瑶)

莫言：对话美国"90后"作家，文学要成为疗伤的绷带

> **编者按**："好的文学作品应该立足于作家的本土，但要超越本土。"诺奖得主莫言在一场名为"跨越大洋的文学对话"中指出，作家不能对生活进行简单照相式的描写，而应经过想象、加工，通过塑造人物，用优美的文学语言展示出来。读者通过读这样的文学作品，来了解作家所描写的国度。

由北京师范大学国际写作中心主办的文学对谈系列首场——"世界如何想象与书写中国：跨越大洋的文学对话"2013年6月30日在北京师范大学举行。北京师范大学国际写作中心主任、著名作家莫言与美国"90后"青年作家、《美丽的国家》作者桑顿，一位"50后"的文学大师，一位来自大洋彼岸的"90后"新锐作家，进行了一场"跨越大洋的文学对话"。

▶ 一老一小对当下的不同评价

美国青年作家桑顿现为哈佛大学历史系大三学生。他在14岁时听从父亲建议,来中国生活一年,并将自己在中国的生活体验创作了《美丽的国家》一书。谈及对中国的印象,桑顿说,我在中国待了一年,通过自己的眼睛看到了一个正在发生很多改变的中国,对中国文化的理解比过去更全面。目前,美国社会自豪于现在的发展,有些人可能不愿意了解其他的文化,实际上美国之外还有广阔的世界,美国人了解其他国家的文化也是非常重要的,因为美国也是全世界的一部分。

"我很认真地看了一遍桑顿的小说,他当时是十几岁的小孩,来到中国,用儿童的心理和眼睛来感受一个完全陌生的国度,他看到了中国很多的现象,但他的着眼点始终在人身上,用心灵来感受这些人,感受到这些人的善良、纯朴,当然也有狡猾、肤浅,用心来感受中国,这一点我是很欣赏的。"莫言如此评价这个"90后"美国小伙的作品。

"我们看外国,外国人看中国,我希望用历史的观点,用不同的坐标来探照。"莫言认为,评判今天的中国,首先从纵向来看,将过去的中国、昨天的中国、前天的中国和今天的中国比较,我们会得出一个结论。同时,要拿外部和内部对比,我们看了美国、法国、世界上其他先进的国家,也要看世界上目前在经济上不如中国的国家,用它们来对比当下的中国,又是一种结论。

▶ 文学不能只描写创伤，还要成为疗伤的绷带

"文学的重要功能不仅仅为描写创伤，而要成为疗伤的绷带。"谈及伤痕文学，莫言说，20世纪80年代改革开放以后，大家都不约而同地拿起笔来描述"文革"带给人们心灵上的创伤，现在回头看，这样的描述还比较表面化，真正的创伤应该是灵魂、心灵的创伤。"比如一个家庭的物件可以很快修复，心灵创伤的安抚则需要非常长的时期。一个好的作品既能描写创伤，也要有疗伤的功能，通过对人心灵创伤的描写，从而治愈创伤。"

"创伤无处不在，每一个国家、每一个民族都有自己的创伤，每个人也都一样。"桑顿在其小说《美丽的国度》中也写到了一位曾在"文革"中被红卫兵打残手指、饱受创伤的网球教练。对此，桑顿认为，从他们的这些经历中能够积累写作的素材，得出自己的感受，从而进行写作。"同时，创伤不光是对中国来说的，在世界文学中，也是一个很重要的话题，很多国家都有创伤的历史，比如说二次世界大战或者是美国的民权运动等等，创伤是一个永远的主题。"

▶ 不和年轻人硬拼青春文学，下一部作品还写乡村

"每一个时代都应该有每个时代的作家，每个时代也都有每个时代的读者。"莫言坦言，作为出生于20世纪50年代的作家，创作的黄金时代已经过去，对当下的中国生活缺少一种最真切的

感受。"我认为写当下的生活应该由年轻人来写,尤其是写城市里的生活、城市里年轻人的生活,更需要有城市生活经验的年轻人来写,这也是一种历史的必然性。"

"我现在的写作,还是应该发挥自己的长项,回避自己的短板。不要和年轻人硬拼青春文学。"谈及下一部作品时,莫言说:"我还是写写我的乡村。"

田华：八次文代会我参加了七次

编者按：说到田华，人们就会想到白毛女；讲到白毛女，也就自然会想到她的扮演者田华。可以说，在现在四五十岁的一代中国人中，田华和白毛女已经成为一种记忆的符号，深刻地印在了脑海中。如今的田华虽然已经年近八旬，但思维敏捷、精神矍铄，火红的外衣、金边的眼镜，衣着装束之间、言谈举止之中都透出年轻人的清爽干练，深邃的目光折射出往昔的峥嵘岁月。在京西宾馆的餐厅里，记者有幸和田华老师共进午餐，聊起了对艺术、对人生的感悟。

回忆起历次参加文代会的情景，田华感到特别骄傲、无比自豪。她说，我今年 78 岁了，有幸 7 次参加文代会，学习了毛主席《在延安文艺座谈会上的讲话》，聆听了邓小平在第四次全国文代会上的《祝辞》，见证了江泽民在第六次、第七次全国文代会上的讲话，今天现场聆听了胡总书记在第八次全国文代会上的讲话。田华语重心长地说，在盛世下，文艺创作只有与时代同步，踏准时代前进的鼓点，把个人的艺术追求融入国家的发展洪流中，满腔热情地讴歌时代主旋律，文艺才能具有蓬勃的生命力，产生巨大的感召力。

　　田华从艺多年，虽然入选新中国二十二大影星的行列，但是田华一直将自己定位在人民演员的行列，演戏的同时不忘参与社会的公益事业：她是北京儿童医院基金会的第一位捐款者，她还曾经联合老艺术家捐款筹建希望小学，支持贫困山村的孩子完成他们的学业，去年她还参加了山花工程，担任"爱心大使"，为井冈山、大别山、太行山、沂蒙山等十座大山的老区人民慰问演出，她深有感触地说："打江山的时候，山里人奉献最大，坐江山的时候，最不能忘了山里人。"……回首几十年的革命经历，田华表示，最大的人生感悟是告诫自己永远做一个有奉献的人，不要做一个老是索取的人，用她的话说就是"还艺于民"，这也是她的座右铭。

（本文采写于 2006 年第八次文代会上）

濮存昕：
年轻版《蔡文姬》亮相，直言很忐忑

> 编者按：北京人艺复排历史剧《蔡文姬》日前向媒体曝光排练片段。在新人当家的舞台上，记者又看到了熟悉的面孔——"三朝元老"濮存昕。从董祀，再到曹操，濮存昕与《蔡文姬》的渊源日益加深，4月27日，年轻版《蔡文姬》将与广大观众见面。对此，濮存昕直言很忐忑："对艺术的追求和敬畏让我们惶恐，如果说这个戏是一座山，我们想请观众看到每个角色都在努力向山上爬的过程。"

今天上演的剧组排练第四幕戏码，曹操接见完从匈奴回来的使者周近，听信了他的话，误认为董祀言行不当，甚至对蔡文姬图谋不轨，欲将其治罪。蔡文姬得知，前来陈述实情，一番慷慨陈词，令曹操顿时明了，消除了对董祀的误会。

该段可谓曹操与蔡文姬难得的对手戏，濮存昕认为，要从语言的碰撞中演绎"误会法"："误会法是编剧郭沫若先生运用得最高明的地方，让我想起了佛学中讲的从最初简单的'看山是山，看水是水'到亲历'看山不是山，看水不是水'，最后经过自己的判断回归到'看山还是山，看水还是水'的过程，这就是曹操的心理历程。"

濮存昕坦言，自己很喜欢曹操这个人物："我很欣赏曹操，尽管历史上对他的争议一直存在，但我们这个戏里要表现的主要是他文韬的一面，正是他的这段戏，让全剧从情节剧到哲学思辨剧转变。所以塑造一个性格化的曹操就很重要。"

其实这并非濮存昕第一次饰演曹操。在电视剧《曹操与蔡文姬》中，他就曾扮演过这个传奇人物。这回在话剧里扮演同一角色，濮存昕表示能借鉴的其实并不多，毕竟电视剧讲述的更多是传奇，话剧则力图追寻历史的真实。

尽管多次参演此剧，濮存昕还是谦虚地认为自己站在了一个新的起跑线上，从零开始。一方面自己演戏不能分神儿，一方面要把年轻人推到舞台当间儿，身上的分量着实不轻。另外，辅助导演也成了他每天的工作，帮年轻人"拧弦"更是家常便饭。"因为这个戏需要靠丰满的精神生活做支撑，才能驾驭。濮老师经常跟我们强调内心戏。"扮演蔡文姬的年轻演员于明加说。

（本文采写于 2011 年 4 月 13 日）

濮存昕：
人艺《李白》演出 20 周年，我就是"李白"

编者按：10月28日至11月12日，北京人艺经典剧目《李白》再登首都剧场舞台。从1991年首演到此轮演出正好过去了20年，20年间《李白》剧组迎来送往了多位人艺实力派演员，徐帆、陈小艺、何冰、胡军等人艺台柱子都曾在该戏中扮演角色。该剧曾在第三届文华奖上一举摘得剧本奖、导演奖、舞美设计奖、表演奖和演出奖五项大奖，濮存昕本人更是因为《李白》获得梅花奖、白玉兰奖等多个个人奖项。"李白已经化在濮哥身上了。"扮演李白夫人宗琰的龚丽君感慨。作为主演，濮存昕和龚丽君与《李白》走过了20年。

　　一部戏演20年并且饰演同一个角色，这在演员的艺术生涯中并不多见。濮存昕也认为，这是自己难得的艺术体验。从无到有塑造一个角色，并且伴随角色走过20年，以至于观众谈到李白就会想到濮存昕，濮存昕坦言，自己如今终于可以对角色出入自由。"20年前拿到本子，我对于怎么演一直持怀疑态度，因为剧本太美了，那种语言的美感以及风格样式的独特是对演员的一种滋养。"

谈及二十年来的创作感悟,濮存昕认为这来源于很多积累:"1991年刚开始演时,几场下来我的嗓子都哑了——用力过猛,表演不成熟。但现在肯定不会了,因为我在舞台上找到了一种境界,演员演戏要自己流淌出角色的语言,同时又用角色的名义表达自己。"

"很多时候演戏就像读书,于无字句中读书其实才是最高境界。"饰演李白使得濮存昕对唐宋诗词的研究颇有成绩,因为他觉得,要理解李白,必须对那个时代所有的诗人有所研究,"对李白的认知其实就是对诗的认知",这就是濮存昕塑造人物的独门秘籍。

作为北京人艺的重头戏,《李白》打出的仍然是"陈年老酒"牌,同样是一段历史再现,《李白》没有所谓历史剧的说教成分,全剧散发出的更多是一种诗性情怀,难怪这部戏到长江沿线巡演时,在万人齐诵《将进酒》的队伍里,既有白发苍苍的老者,也有三四岁的孩童。而不可否认,濮存昕的艺术魅力也是很多观众走进剧场的原因。"如果评价濮哥的表演,我觉得随着他的经历和人生体验的丰富,已经把李白的魂和神化在自己身上了。这么说吧,他怎么演都对。"老搭档龚丽君说。

(本文采写于2011年10月28日)

辑三

名人读经典

编者按:"经典"是一个时代民族文化的结晶。今天,当我们重温经典,重温那些或意味隽永,或明媚昂扬,或淡泊沧桑的文学作品,依然倍觉温暖。在 2016 年情人节、清明节到来之际,人民网文化频道邀请著名朗诵家方明,国家一级演员王刚,演员姚晨,东方卫视主持人曹可凡、林海倾情朗诵一组文学经典作品。现辑于此,张目可看,扫码可听。

岳阳楼记

作者：范仲淹

朗读者：方明（中央人民广播电台播音指导）

  庆历四年春，滕子京谪守巴陵郡。越明年，政通人和，百废具兴。乃重修岳阳楼，增其旧制，刻唐贤今人诗赋于其上。属予作文以记之。

  予观夫巴陵胜状，在洞庭一湖。衔远山，吞长江，浩浩汤汤，横无际涯；朝晖夕阴，气象万千。此则岳阳楼之大观也，前人之述备矣。然则北通巫峡，南极潇湘，迁客骚人，多会于此，览物之情，得无异乎？

  若夫淫雨霏霏，连月不开，阴风怒号，浊浪排空；日星隐曜，山岳潜形；商旅不行，樯倾楫摧；薄暮冥冥，虎啸猿啼。登斯楼也，则有去国怀乡，忧谗畏讥，满目萧然，感极而悲者矣。

  至若春和景明，波澜不惊，上下天光，一碧万顷；沙鸥翔集，锦鳞游泳；岸芷汀兰，郁郁青青。而或长烟一空，皓月千里，浮光跃金，静影沉璧，渔歌互答，此乐何极！登斯楼也，则有心旷神怡，宠辱偕忘，把酒临风，其喜洋洋者矣。

  嗟夫！予尝求古仁人之心，或异二者之为，何哉？不以物喜，不以己悲；居庙堂之高则忧其民；处江湖之远则忧其君。是进亦忧，退亦忧。然则何时而乐耶？其必曰"先天下之忧而忧，后天下之乐而乐"乎。噫！微斯人，吾谁与归？

时六年九月十五日。

视频欣赏

《背影》片段

作者：朱自清

朗读者：王刚（影视演员）

    我说道："爸爸，你走吧。"他往车外看了看说："我买几个橘子去。你就在此地，不要走动。"我看那边月台的栅栏外有几个卖东西的等着顾客。走到那边月台，须穿过铁道，须跳下去又爬上去。父亲是一个胖子，走过去自然要费事些。我本来要去的，他不肯，只好让他去。我看见他戴着黑布小帽，穿着黑布大马褂，深青布棉袍，蹒跚地走到铁道边，慢慢探身下去，尚不大难。可是他穿过铁道，要爬上那边月台，就不容易了。他用两手攀着上面，两脚再向上缩；他肥胖的身子向左微倾，显出努力的样子。这时我看见他的背影，我的泪很快地流下来了。我赶紧拭干了泪。怕他看见，也怕别人看见。我再向外看时，他已抱了朱红的橘子往回走了。过铁道时，他先将橘子散放在地上，自己慢慢爬下，再抱起橘子走。到这边时，我赶紧去搀他。他和我走到车上，将橘子一股脑儿放在我的皮大衣上。于是扑扑衣上的泥土，心里很轻松似的。过一会说："我走了，到那边来信！"我望着他走出去。他走了几步,回头看见我,说:"进去吧,里边没人。"等他的背影混入来来往往的人里,再找不着了,我便进来坐下,我的眼泪又来了。

视频欣赏

春

作者：朱自清

朗读者：王刚（影视演员）

盼望着，盼望着，东风来了，春天的脚步近了。

一切都像刚睡醒的样子，欣欣然张开了眼。山朗润起来了，水涨起来了，太阳的脸红起来了。

小草偷偷地从土里钻出来，嫩嫩的，绿绿的。园子里，田野里，瞧去，一大片一大片满是的。坐着，躺着，打两个滚，踢几脚球，赛几趟跑，捉几回迷藏。风轻悄悄的，草软绵绵的。

桃树、杏树、梨树，你不让我，我不让你，都开满了花赶趟儿。红的像火，粉的像霞，白的像雪。花里带着甜味儿；闭了眼，树上仿佛已经满是桃儿、杏儿、梨儿。花下成千成百的蜜蜂嗡嗡地闹着，大小的蝴蝶飞来飞去。野花遍地是：杂样儿，有名字的，没名字的，散在草丛里，像眼睛，像星星，还眨呀眨的。

"吹面不寒杨柳风"，不错的，像母亲的手抚摸着你。风里带来些新翻的泥土的气息，混着青草味儿，还有各种花的香，都在微微润湿的空气里酝酿。鸟儿将巢安在繁花嫩叶当中，高兴起来了,呼朋引伴地卖弄清脆的喉咙,唱出宛转的曲子,跟清风流水应和着。牛背上牧童的短笛,这时候也成天嘹亮地响着。

雨是最寻常的,一下就是三两天。可别恼。看,像牛毛,像花针,像细丝,密密地斜织着,人家屋顶上全笼着一层薄烟。树叶儿却绿得发亮,小草儿也青得逼你的眼。傍晚时候,上灯了,一点点黄晕的光,烘托出一片安静而和平的夜。在乡下,小路上,石桥边,有撑起伞慢慢走着的人;地里还有工作的农民,披着蓑,戴着笠。他们的房屋,稀稀疏疏的,在雨里静默着。

天上风筝渐渐多了,地上孩子也多了。城里乡下,家家户户,老老小小,也赶趟儿似的,一个个都出来了。舒活舒活筋骨,抖擞抖擞精神,各做各的一份儿事去。"一年之计在于春",刚起头儿,有的是工夫,有的是希望。

春天像刚落地的娃娃,从头到脚都是新的,它生长着。

春天像小姑娘,花枝招展的,笑着,走着。

春天像健壮的青年,有铁一般的胳膊和腰脚,领着我们上前去。

视频欣赏

当你老了

作者：叶芝

译者：冰心

朗读者：王刚（影视演员）

当你老了，头发花白，睡意沉沉，
倦坐在炉边，取下这本书来，
慢慢读着，追梦当年的眼神
那柔美的神采与深幽的晕影。
多少人爱过你青春的片影，
爱过你的美貌，以虚伪或是真情，
惟独一人爱你那朝圣者的心，
爱你哀戚的脸上岁月的留痕。
在炉栅边，你弯下了腰，
低语着，带着浅浅的伤感，
爱情是怎样逝去，又怎样步上群山，
怎样在繁星之间藏住了脸。

独家对话：做客名人之家

视频欣赏

她走在美的光彩中

作者：拜伦
译者：查良铮
朗读者：王刚（影视演员）

　　她走在美的光彩中，像夜晚
　　　　皎洁无云而且繁星漫天；
　　明与暗的最美妙的色泽
　　　　在她的仪容和秋波里呈现：
　　耀目的白天只嫌光太强，
　　　　它比那光亮柔和而幽暗。

　　增加或减少一份明与暗
　　　　就会损害这难言的美。
　　美波动在她乌黑的发上，
　　　　或者散布淡淡的光辉
　　在那脸庞，恬静的思绪
　　　　指明它的来处纯洁而珍贵。

呵,那额际,那鲜艳的面颊,
　　如此温和,平静,而又脉脉含情,
那迷人的微笑,那容颜的光彩,
　　都在说明一个善良的生命:
她的头脑安于世间的一切,
　　她的心充溢着真纯的爱情!

视频欣赏

茉 莉

作者：席慕蓉
朗读者：姚晨（演员）

茉莉好像
没有什么季节
在日里在夜里
时时开着小朵的
清香的蓓蕾

想你
好像也没有什么分别
在日里在夜里
在每一个
恍惚的刹那间

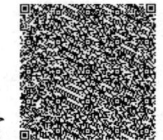

视频欣赏

独家对话:做客名人之家

爱情的礼赞

作者:莎士比亚

朗读者:曹可凡(东方卫视主持人)

如果是爱情使我赌咒发誓,
我又何能誓绝爱情?
啊,一切誓言都是空话,
只除了对美人的誓辞;
虽然我仿佛言而无信,
我对你却永远是一片真心;
那一切,对我是不移的橡树,
对你却是柔软的柳枝。
我要把他当一本书来仔细阅读,
研究其中的字句,
那里贮藏着一切具有深意的、人世少有的欢娱,
如果说学问重要,
我要求的学问就是完全了解你;
没有学问的舌头,

就根本不可能有赞颂你的能力；
只有冥顽无知的人，
有缘见到你会全然无动于心；
我是这样从心里崇拜你，
为此我感到无比骄傲。
你的眼神是宙斯的闪电，
你的声音是他的雷霆，
但如果你声音里不带怒气，
它却又比音乐更美妙。
可是，你是天人，
当然不会喜爱这人世间的浮辞，
这尘俗的辞句，
不管多美，
也不配用来赞颂天使。

视频欣赏

独家对话：做客名人之家

山　路

作者：席慕蓉

朗读者：林海（东方卫视主持人）

　　我好像答应过你
　　要和你 一起
　　走上那条美丽的山路

　　你说 那坡上种满了新茶
　　还有细密的相思树
　　我好像答应过你
　　在一个遥远的春日下午

　　而今夜 在灯下
　　梳我初白的发
　　忽然记起了一些没能
　　实现的诺言 一些
　　无法解释的悲伤

在那条山路上
少年的你 是不是
还在等我
还在急切地向来处张望

视频欣赏

图书在版编目（CIP）数据

独家对话：做客名人之家/黄维主编. -- 北京：人民日报出版社，2017.11
ISBN 978-7-5115-5156-6

Ⅰ.①独… Ⅱ.①黄… Ⅲ.①名人—访问记—中国—现代 Ⅳ.①K820.7

中国版本图书馆CIP数据核字（2017）第307620号

书　　名：	独家对话——做客名人之家
主　　编：	黄　维
出 版 人：	董　伟
责任编辑：	陈　红　刘天一
封面设计：	小左文化
版式设计：	大有艺彩

出版发行：人民日报出版社

社　　址：	北京金台西路2号
邮政编码：	100733
发行热线：	（010）65369509　65369527　65369846　65363528
邮购热线：	（010）65369530　65363527
编辑热线：	（010）65369844
网　　址：	www.peopledailypress.com
经　　销：	新华书店
印　　刷：	大厂回族自治县彩虹印刷有限公司

开　　本：	700mm×1000mm　1/16
字　　数：	160千字
印　　张：	14.75
印　　次：	2018年2月第1版　2018年2月第1次印刷
书　　号：	ISBN 978-7-5115-5156-6
定　　价：	39.80元